W0200615

Klassik

22 Arbeitsblätter
mit didaktisch-methodischen Kommentaren

Sekundarstufe II

von
Udo Müller

Ernst Klett Verlag
Stuttgart Düsseldorf Leipzig

Gedruckt auf Papier, welches aus Altpapier hergestellt wurde.

Die Deutsche Bibliothek – CIP-Einheitsaufnahme

Müller, Udo:
Klassik : 22 Arbeitsblätter mit didaktisch-methodischen Kommentaren ;
Sekundarstufe II / von Udo Müller.
1. Aufl. – Stuttgart ; Düsseldorf ; Leipzig
Klett, 1998
ISBN 3-12-927423-5

1. Auflage 1998
Dieses Werk folgt der reformierten Rechtschreibung und Zeichensetzung. Ausnahmen bilden Texte, bei denen künstlerische, philologische oder lizenzrechtliche Gründe einer Änderung entgegenstehen.

Internetadresse: http://www.klett.de
Umschlaggestaltung: BSS Werbeagentur Sachse und Partner, Bietigheim
Druck und Bindung: Wilhelm Röck, Weinsberg. Printed in Germany.
ISBN 3-12-927423-5

I Das Begriffsfeld Klassik

II Antike als Modell

V Bildung und Sprache

VI Rezeption der Klassik

M 1

Klassik ['klasɪk], die; – [zu ↑ klassisch (1, 2)]: **1.** *Kultur und Kunst der griechisch-römischen Antike.* **2.** *Epoche, der durch das griechisch-römische Vorbild eine weitgehende Aufhebung u. Ausgewogenheit der Gegensätze gelungen ist u. die deshalb eine überzeitliche Vollkommenheit erreicht hat.* **3.** *Epoche kultureller Höchstleistung:* die mittelhochdeutsche K. **4.** *klassische* (3) *Ausführung, Art:* in zwei Ausführungen ... K., Eiche rustikal ... (Augsburger Allgemeine 29./30. 4. 78, 46); (...) **Klassiker,** der; -s, - [nach lat. classicus scriptor = Schriftsteller von höchstem Rang (= frz. auteur classique), urspr. nur für die antiken Schriftsteller gebr.]: **1.** *Vertreter der Klassik* (1, 2). **2.** *Künstler od. Wissenschaftler, dessen Werke, Arbeiten als mustergültig u. bleibend angesehen werden:* die K. der Malerei; Sir Arthur Conan Doyle, der große K. des Kriminalromans; <Zus.:> (...) **klassisch** ['klasɪʃ] <Adj.; o. Steig.> [lat. classicus = die (ersten) Bürgerklassen betreffend; ersten Ranges, mustergültig, zu: classis, ↑ Klasse]: **1.** *die antike Klassik betreffend:* das -e Altertum; -e Sprachen lernen; -e Philologie *(Griechisch u. Latein)* studieren; ein -es Profil *(ein Profil, das dem der griechischen Plastik od. auf griechischen Malereien der Antike entspricht).* **2.** *im Sinne der Klassik* (2); *die Merkmale der Klassik* (2) *tragend; die Klassik* (2) *betreffend:* -e Dichter, Dichtung; -es Ballett; -e Musik vorziehen; ein Drama im -en Stil. **3.** *(in Bezug auf Aussehen od. Formen) in [althergebrachter] mustergültiger Weise [ausgeführt], vollendet, zeitlos:* eine -e Formulierung; sie spricht ein -es Französisch; ein -es Kostüm; dieser Fall ist geradezu k. *(ist ganz typisch);* etw. k. formulieren. **4.** *herkömmlich, in bestimmter Weise traditionell festgelegt u. so als Maßstab geltend;* die -e Nationalökonomie; die -e Lehre der Gewaltenteilung; ein -es Beispiel; Sie sind es nicht, insofern sie gerade die -en Merkmale der Automaten nicht besitzen (Marek, Notizen 53). **5.** (ugs.) svw. ↑ klasse: das ist ja k.!; der Film war einfach k.; **Klassizismus** [klasi'tsɪsmʊs], der; -, ... men: **1.** <o. Pl.> *Stilform, die im Anschluss an antike, besonders römische Vorbilder Klarheit u. Strenge der Gliederung, Geradlinigkeit u. die Gesetzmäßigkeit der Verhältnisse betont.* **2.** klassizistisches Stilmerkmal; **klassizistisch** <Adj.; o. Steig.>: *den Klassizismus betreffend; zum Klassizismus gehörend;* **Klassizität** [klasitsi'tɛ:t], die; -: *klassische Mustergültigkeit, klassische Merkmale aufweisende Beschaffenheit (einer Sache).*

Duden – Das große Wörterbuch der deutschen Sprache, 1976, S. 1478 f.

M2

Klassik – Begriff und Epoche

Der Begriff *Klassik* wird wie andere Epochenbegriffe mit verschiedenen Bedeutungen belegt. Er ist aber darüber hinaus auch in seiner grundsätzlichen Geltung umstritten. Was für traditionelles bildungsbürgerliches Denken eine unbezweifelte Realität von zeitloser Gültigkeit darstellt, wird von der modernen Fachwissenschaft teilweise als ideologisches Konstrukt ohne echte Entsprechung in der historischen Wirklichkeit betrachtet. Jede Annäherung an den Epochenbegriff muss daher auch dessen Fragwürdigkeit in den Blick nehmen.

Das Wort *klassisch* leitet sich von dem lateinischen Adjektiv *classicus* ab, mit dem man im römischen Steuerrecht Bürger der ersten, d. h. höchsten Klasse bezeichnete. Dies wurde schon in der Spätantike in den literarischen Bereich übertragen; bei Gellius im 2. Jahrhundert n. Chr. bezeichnet *scriptor classicus* einen mustergültigen, erstrangigen Schriftsteller. Seit der Renaissance, die die Vorbildlichkeit der Antike betont, ist ein *auctor classicus* entweder ein antiker oder schlechthin ein vorbildlicher, nachahmenswerter Schriftsteller.

Innerhalb des europäischen Kulturkreises spricht man von klassischen Zeitaltern jeweils in Bezug auf Epochen, die einen deutlichen kulturellen Höhepunkt markieren und bedeutende Autoren hervorgebracht haben. So in Griechenland etwa das Zeitalter des Perikles um das 5. Jh. v. Chr. (Sophokles, Euripides), in Rom die Augusteische Klassik um die Zeitenwende (Vergil, Horaz, Ovid), in Italien die Renaissance im 14.–16. Jh. (Dante, Petrarca, Boccaccio, Ariost, Tasso), in England das Elisabethanische Zeitalter um 1600 (Shakespeare), in Spanien das Siglo de oro (Cervantes, Calderòn) und in Frankreich das Siècle classique im 17. Jahrhundert (Molière, La Fontaine, Corneille, Racine). Gerade die zuletzt genannten „Klassiken" decken sich zeitlich mit der Epoche des Barock, was stiltypologisch eigentlich einen Widerspruch bedeutet. In Deutschland, das um die Wende zum 19. Jahrhundert zuletzt seine Wendung zur Klassik erlebt, spricht man auch mit Bezug auf die Zeit um 1200 von der Staufischen Klassik (Walther von der Vogelweide, Gotfrid von Straßburg, Wolfram von Eschenbach).

Noch im Deutschland des 18. Jahrhunderts wird das Adjektiv *klassisch* weithin in der Bedeutung von „zur Antike gehörend" gebraucht (vgl. heute noch *die klassischen Sprachen,* d. h. Griechisch und Latein). Klassische Schriftsteller sind daher zunächst noch die herausragenden Autoren der Antike, mit der allmählichen Übertragung auf nachantike Schriftsteller dann solche, die sich an der Antike orientieren und mustergültigen Rang erreichen. Goethe und Schiller selbst haben sich selbst niemals als klassische Schriftsteller empfunden oder bezeichnet. Die Annahme einer deutschen Klassik, die sich mit diesen beiden Spitzenautoren verbindet, tritt erstmals 1842 bei dem Literaturhistoriker Georg Gottfried Gervinus auf, und zwar als Ausdruck seiner Auffassung, dass mit Goethe und Schiller die Vollendung der „deutschen Nationalliteratur" erreicht sei, der nun eine politische Vollendung folgen müsse.

Plausibilität gewinnt die Bezeichnung der Epoche um 1800 als Deutsche Klassik oder – etwas zurückhaltender – Weimarer Klassik dadurch, dass sie nicht nur den Höhepunkt der deutschen Literatur mit einer eindrucksvollen Zahl bedeutender Autoren und Werke darstellt, sondern dass in ihr auch weitere Kennzeichen einer herausgehobenen Repräsentativität vorliegen, wie sie für „klassische Zeitalter" typisch sind:

- Rückgriff auf Stoffe und Themen der Antike und Orientierung an antiken Gattungen und Gestaltungsmustern,
- Streben nach zeitloser Gültigkeit durch Gestaltung des Typischen, Modellhaften, Vorbildlichen, Gesetzmäßigen und Vermeidung des bloß Zufälligen,
- Ausgleich von Polaritäten in einem Menschenbild des Maßes und der Würde mit dem idealen Zielpunkt der Humanität als einer ausgewogenen und harmonischen Entfaltung der Kräfte,
- Strenge und Perfektion der künstlerischen Gestaltungsweise, in der gebundene, regelmäßige und geschlossene Formen den Vorrang vor individuellen und expressiven Formen haben.

Aus historischem Abstand wird die Klassik als eine Zeit erkennbar, in der mancherlei schon vorher erkennbare Tendenzen zu besonderer Reife gelangen:

- in der Philosophie die geistbestimmte Weltsicht des deutschen Idealismus, wie er von Kant besonders in seinen drei großen kritischen Schriften seit 1781 begründet und später durch Fichte, Schelling und Hegel fortentwickelt wird,
- in der Kunstgeschichte die Lenkung der Aufmerksamkeit auf die griechische Kultur, wie sie durch Winckelmann am folgenreichsten geschieht,
- in der Musik der „Wiener Klassik" (Haydn, Mozart, Beethoven) die Lösung der freien Künstlerindividualität aus höfischen und geistlichen Abhängigkeiten und der Durchbruch zum freien Ausdruck von für die Menschheit repräsentativen Ideen in geregelter und gebundener Form,
- in der aufklärerischen Bildungstheorie Lessings und Herders der Glaube an den Menschen als ein zu humaner Vervollkommnung fähiges Wesen,
- in der Dichtung schließlich das Heraustreten des Individuums aus der Phase des willkürlichen Aufbegehrens (Sturm und Drang) in eine solche der beherrschten Verantwortlichkeit.

Die endgültige Wendung zur Klassik wird meist mit Goethes Italienreise (1886/87) verknüpft, die das Er-

lebnis der Antike und die Fertigstellung der endgültigen Fassung der *Iphigenie auf Tauris* bringt, neben Schillers Gedicht *Die Götter Griechenlands* (1788) das erste große Dokument des literarischen Griechenkults.
Das eigentliche klassische Jahrzehnt fällt in die Jahre zwischen 1795 und 1805, beginnt also mit der Freundschaft Goethes und Schillers und endet mit Schillers Tod. Diese Annahme ist weder willkürlich noch vordergründig biografisch motiviert; vielmehr hängt sie mit der Selbstdeutung der beiden Autoren zusammen, die sich als Verkörperung polarer Möglichkeiten dichterischer Welterfassung auffassen und deshalb in ihrem Zusammenwirken symbolisch die volle Breite des Menschlichen ausgedrückt sehen.

Zahlreiche repräsentative Gipfelwerke der Klassik entstanden in diesem Jahrzehnt, so etwa auf dem Gebiet der Lyrik Schillers philosophische Gedichte (*Das Ideal und das Leben*, 1795), seine großen Balladen (*Der Ring des Polykrates* und *Die Kraniche des Ibykus*, 1798) und im antiken Versmaß die Elegien Goethes (*Römische Elegien*, 1795) und Schillers (*Nänie*, 1799); auf dem Gebiet des Dramas Schillers *Wallenstein* (1799), *Maria Stuart* (1800), *Wilhelm Tell* (1804), auf dem Gebiet des Romans Goethes *Wilhelm Meisters Lehrjahre* (1795/96), auf dem Gebiet der essayistischen Prosa Herders *Briefe zur Beförderung der Humanität* (1793/97) und Schillers philosophische Schriften, z. B. *Über naive und sentimentalische Dichtung* (1795 f.). Dem schlossen sich später Goethes Altersroman *Die Wahlverwandtschaften* (1809) und seine umfassende *Faust*-Dichtung (I. Teil 1808, II. Teil 1832) an, die wie Schillers *Wallenstein* die strenge Stilwelt der Klassik überschreitet.

Höchste Bedeutung hat für die klassische Weltauffassung der Bereich des Ästhetischen. Die Kunst erscheint hier als ein zweckfreier, autonomer Spielraum des Geistes, in dem der Mensch die Enge der Lebensrealität übersteigen kann. Im Denken der Klassiker handelt es sich dabei nicht etwa um ein Ausweichen vor der kümmerlichen zeitgenössischen Lebenswirklichkeit (Terrorherrschaft und Krieg als Folge der Französischen Revolution – Deutschland um 1800 als Konglomerat von unfreiheitlichen Kleinstaaten!), sondern um eine vorwärtsgewandte Utopie, die über die Vervollkommnung des Menschen auch auf eine Veränderung der gesellschaftlichen Lebensformen zielt.

Einwände gegen die Kanonisierung der Klassik als Gipfelepoche der deutschen Literatur wurden von verschiedenen Standpunkten aus erhoben, so durch den Verweis auf

- die ideologische Belastung, die in einer verklärenden Sicht der „Kunstperiode“ (Heine) aus z. T. unverhüllt nationalistischen Motiven liegt,
- den mangelnden internationalen Konsens über die Annahme einer „Deutschen Klassik“ als repräsentative Epoche,
- die schmale Basis der Klassik, die eigentlich nur durch zwei große Autoren (und auch durch sie nur in einer bestimmten Phase ihres Schaffens) in einem ziemlich unbedeutenden deutschen Kleinstaat repräsentiert werde.

Will man dennoch heute den Epochenbegriff Klassik gebrauchen, so ist das sicher nur legitim, wenn man es im Bewusstsein seiner Fragwürdigkeit tut. Aber letzten Endes sind wohl alle Epochenbegriffe nur dann als Orientierungshilfen sinnvoll, wenn man sie nicht als feststehende, unbezweifelbare Kategorien nimmt, sondern als konventionsbestimmte, so oder auch anders fixierbare Hilfsmittel des ordnungsbedürftigen Betrachters.

Udo Müller

M1

Pauline Bonaparte als Venus Victrix (1808)

Antonio Canova (1757–1822), Marmor. Rom, Villa Borghese. © Alinari, Florenz

M2

Sappho und Phaon (1809)

Jacques Louis David (1748–1825), Ölgemälde. St. Petersburg, Eremitage.
© Aurora Art Publishers 1980, Leningrad

Sappho, die größte Dichterin der Antike, lebte im 5./6. Jh. v. Chr.; nach einer Sage soll sie sich, von dem schönen Schiffer Phaon verschmäht, vom Leukadischen Felsen ins Meer gestürzt haben.

M3

Hebe (um 1780)

Johann Valentin Sonnenschein (1749–1828), Gebrannter Ton. Zürich, Schweizer Landesmuseum

M4

Hebe (1806)

Bertel Thorvaldsen (1768–1844), Marmor. Kopenhagen, Nationalmuseet. © Smeets Lithographers Weert, Holland 1968

Hebe ist die griechische Göttin der ewigen Jugend, Tochter des Zeus und der Hera, Gemahlin der Herakles; im Olymp ist sie die Mundschenkin, daher wird sie in der antiken Kunst bereits als anmutiges Mädchen dargestellt, das aus emporgehaltener Kanne Nektar einschenkt.

M5

Entwurf zur Neuen Wache in Berlin (Ausführung 1816)

Karl Friedrich Schinkel (1781–1841), © AKG, Berlin

M6

Entwurf zum Berliner Schauspielhaus (Ausführung 1819–1821)

Karl Friedrich Schinkel, © AKG, Berlin

M 1

Tobler/Goethe: Die Natur

Natur! Wir sind von ihr umgeben und umschlungen – unvermögend aus ihr herauszutreten, und unvermögend tiefer in sie hineinzukommen. Ungebeten und ungewarnt nimmt sie uns in den Kreislauf ihres Tanzes auf und treibt sich mit uns fort, bis wir ermüdet sind und ihrem Arme entfallen.

Sie schafft ewig neue Gestalten; was da ist war noch nie, was war kommt nicht wieder – Alles ist neu und doch immer das Alte.

Wir leben mitten in ihr und sind ihr fremde. Sie spricht unaufhörlich mit uns und verrät uns ihr Geheimnis nicht. Wir wirken beständig auf sie und haben doch keine Gewalt über sie.

Sie scheint alles auf Individualität angelegt zu haben und macht sich nichts aus den Individuen. Sie baut immer und zerstört immer und ihre Werkstätte ist unzugänglich.

Sie lebt in lauter Kindern, und die Mutter, wo ist sie? – Sie ist die einzige Künstlerin: aus dem simpelsten Stoffe zu den größten Kontrasten: ohne Schein der Anstrengung zu der größten Vollendung – zur genausten Bestimmtheit immer mit etwas Weichem überzogen. Jedes ihrer Werke hat ein eigenes Wesen, jede ihrer Erscheinungen den isoliertesten Begriff und doch macht alles eins aus.

Sie spielt ein Schauspiel: ob sie es selbst sieht, wissen wir nicht, und doch spielt sies für uns, die wir in der Ecke stehen.

Es ist ein ewiges Leben, Werden und Bewegen in ihr und doch rückt sie nicht weiter. Sie verwandelt sich ewig und ist kein Moment Stillestehen in ihr. Fürs Bleiben hat sie keinen Begriff und ihren Fluch hat sie ans Stillestehen gehängt. Sie ist fest. Ihr Tritt ist gemessen, ihre Ausnahmen selten, ihre Gesetze unwandelbar.

Gedacht hat sie und sinnt beständig; aber nicht als ein Mensch, sondern als Natur. Sie hat sich einen eigenen allumfassenden Sinn vorbehalten, den ihr niemand abmerken kann.

Die Menschen sind all in ihr und sie in allen. Mit allen treibt sie ein freundliches Spiel, und freut sich, je mehr man ihr abgewinnt. Sie treibts mit vielen so im verborgenen, daß sies zu Ende spielt, ehe sies merken.

Auch das Unnatürlichste ist Natur. Wer sie nicht allenthalben sieht, sieht sie nirgendwo recht.

Sie liebet sich selber und haftet ewig mit Augen und Herzen ohne Zahl an sich selbst. Sie hat sich auseinander gesetzt um sich selbst zu genießen. Immer läßt sie neue Genießer erwachsen, unersättlich sich mitzuteilen. [...]

Erschienen 1783 im „Journal von Tiefurt" des literarischen Kreises um Herzoginmutter Anna Amalia von Weimar; formuliert wohl von Georg Christoph Tobler (1757–1812).

M 2

J. W. v. Goethe: Erläuterung zu dem aphoristischen Aufsatz „Die Natur"

Jener Aufsatz ist mir vor kurzem aus der brieflichen Verlassenschaft der ewig verehrten Herzogin Anna Amalia mitgeteilt worden; er ist von einer wohlbekannten Hand geschrieben, deren ich mich in den achtziger Jahren in meinen Geschäften zu bedienen pflegte. Daß ich diese Betrachtungen verfaßt, kann ich mich faktisch zwar nicht erinnern, allein sie stimmen mit den Vorstellungen wohl überein, zu denen sich mein Geist damals ausgebildet hatte. Ich möchte die Stufe damaliger Einsicht einen Komparativ nennen, der seine Richtung gegen einen noch nicht erreichten Superlativ zu äußern gedrängt ist. Man sieht die Neigung zu einer Art von Pantheismus, indem den Welterscheinungen ein unerforschliches, unbedingtes, humoristisches, sich selbst widersprechendes Wesen zum Grunde gedacht ist, und mag als Spiel, dem es bitterer Ernst ist, gar wohl gelten. Die Erfüllung aber, die ihm fehlt, ist die Anschauung der zwei großen Triebräder aller Natur: der Begriff von Polarität und von Steigerung, jene der Materie, insofern wir sie materiell, diese ihr dagegen, insofern wir sie geistig denken, angehörig; jene ist in immerwährendem Anziehen und Abstoßen, diese in immerstrebendem Aufstiegen. Weil aber die Materie nie ohne Geist, der Geist nie ohne Materie existiert und wirksam sein kann, so vermag auch die Materie sich zu steigern, so wie sichs der Geist nicht nehmen läßt, anzuziehen und abzustoßen; wie derjenige nur allein zu denken vermag, der genugsam getrennt hat, um zu verbinden, genugsam verbunden hat, um wieder trennen zu mögen.
[...]

Brief Goethes an den Kanzler v. Müller

M3

Vereinzelung und Vereinigung der Kräfte

[...] Bei der Vereinzelung und getrennten Wirksamkeit unsrer Geisteskräfte, die der erweiterte Kreis des Wissens und die Absonderung der Berufsgeschäfte notwendig macht, ist es die Dichtkunst beinahe allein, welche die getrennten Kräfte der Seele wieder in Vereinigung bringt, welche Kopf und Herz, Scharfsinn und Witz, Vernunft und Einbildungskraft in harmonischem Bunde beschäftigt, welche gleichsam den *ganzen Menschen* in uns wiederherstellt. [...]

Dazu aber würde erfordert, daß sie selbst mit dem Zeitalter fortschritte, dem sie diesen wichtigen Dienst leisten soll; daß sie sich alle Vorzüge und Erwerbungen desselben zu eigen machte. Was Erfahrung und Vernunft an Schätzen für die Menschheit aufhäuften, müßte Leben und Fruchtbarkeit gewinnen und in Anmut sich kleiden in ihrer schöpferischen Hand. Die Sitten, den Charakter, die ganze Weisheit ihrer Zeit müßte sie, geläutert und veredelt, in ihrem Spiegel sammeln und mit idealisierender Kunst aus dem Jahrhundert selbst ein Muster für das Jahrhundert erschaffen. [...]

[...] Alles, was der Dichter uns geben kann, ist seine *Individualität.* Diese muß es also wert sein, vor Welt und Nachwelt ausgestellt zu werden. Diese seine Individualität so sehr als möglich zu veredeln, zur reinsten herrlichsten Menschheit hinaufzuläutern, ist sein erstes und wichtigstes Geschäft, ehe er es unternehmen darf, die Vortrefflichen zu rühren. Der höchste Wert seines Gedichtes kann kein andrer sein, als daß es der reine vollendete Abdruck einer interessanten Gemütslage eines interessanten vollendeten Geistes ist. Nur ein solcher Geist soll sich uns in Kunstwerken ausprägen; er wird uns in seiner kleinsten Äußerung kenntlich sein, und umsonst wird, der es *nicht* ist, diesen wesentlichen Mangel durch Kunst zu verstecken suchen. Vom Ästhetischen gilt eben das, was vom Sittlichen; wie es hier der moralisch vortreffliche Charakter eines Menschen allein ist, der einer seiner einzelnen Handlungen den Stempel moralischer Güte aufdrücken kann; so ist es dort nur der reife, der vollkommene Geist, von dem das Reife, das Vollkommene ausfließt. [...]

Friedrich Schiller: Über Bürgers Gedichte (1791)

M4

Wann und wo entsteht ein klassischer Nationalautor?

[...] Wer mit den Worten, deren er sich im Sprechen oder Schreiben bedient, bestimmte Begriffe zu verbinden für eine unerläßliche Pflicht hält, wird die Ausdrücke: *klassischer Autor, klassisches Werk* höchst selten gebrauchen. Wann und wo entsteht ein klassischer Nationalautor? Wenn er in der Geschichte seiner Nation große Begebenheiten und ihre Folgen in einer glücklichen und bedeutenden Einheit vorfindet; wenn er in den Gesinnungen seiner Landsleute Größe, in ihrem Empfindungen Tiefe und in ihren Handlungen Stärke und Konsequenz nicht vermißt; wenn er selbst, vom Nationalgeiste durchdrungen, durch ein einwohnendes Genie sich fähig fühlt, mit dem Vergangenen wie mit dem Gegenwärtigen zu sympathisieren; wenn er seine Nation auf einem hohen Grade der Kultur findet, so daß ihm seine eigene Bildung leicht wird; wenn er viele Materialien gesammelt, vollkommene oder unvollkommene Versuche seiner Vorgänger vor sich sieht und so viel äußere und innere Umstände zusammentreffen, daß er kein schweres Lehrgeld zu zahlen braucht, daß er in den besten Jahren seines Lebens ein großes Werk zu übersehen, zu ordnen und in einem Sinne auszuführen fähig ist.

Man halte diese Bedingungen, unter denen allein ein klassischer Schriftsteller, besonders ein prosaischer, möglich wird, gegen die Umstände, unter denen die besten Deutschen dieses Jahrhunderts gearbeitet haben, so wird, wer klar sieht und billig denkt, dasjenige, was ihnen gelungen ist, mit Ehrfurcht bewundern und das, was ihnen mißlang, anständig bedauern. [...]

Nirgends in Deutschland ist ein Mittelpunkt gesellschaftlicher Lebensbildung, wo sich Schriftsteller zusammenfänden und nach einer Art, in einem Sinne, jeder in seinem Fache sich ausbilden könnten. Zerstreut geboren, höchst verschieden erzogen, meist nur sich selbst und den Eindrücken ganz verschiedener Verhältnisse überlassen; von der Vorliebe für dieses oder jenes Beispiel einheimischer oder fremder Literatur hingerissen; zu allerlei Versuchen, ja Pfuschereien genötigt, um ohne Anleitung seine eigenen Kräfte zu prüfen; erst nach und nach durch Nachdenken von dem überzeugt, was man machen soll; durch Praktik unterrichtet, was man machen kann; immer wieder irre gemacht durch ein großes Publikum ohne Geschmack, das das Schlechte nach dem Guten mit eben demselben Vergnügen verschlingt; dann wieder ermuntert durch Bekanntschaft mit der gebildeten, aber durch alle Teile des großen Reichs zerstreuten Menge; gestärkt durch mitarbeitende, mitstrebende Zeitgenossen – so findet sich der deutsche Schriftsteller endlich in dem männlichen Alter, wo ihn Sorge für seinen Unterhalt, Sorge für eine Familie sich nach außen umzusehen zwingt, und wo er oft mit dem traurigsten Gefühl durch Arbeiten, die er selbst nicht achtet, sich die Mittel verschaffen muß, dasjenige hervorbringen zu dürfen, womit sein ausgebildeter Geist sich allein zu beschäftigen strebt. Welcher deutsche geschätzte Schriftsteller wird sich nicht in diesem Bilde erkennen, und welcher wird nicht mit bescheidener Trauer gestehen, daß er oft genug nach Gelegenheit geseufzt habe, früher die Eigenheiten seines originellen Genius einer allgemeinen Nationalkultur, die er leider nicht vorfand, zu unterwerfen? [...]

Johann Wolfgang von Goethe: Literarischer Sansculottismus (1795), S. 240f.

M5

„Classische Schrieftsteller"

Auf die Feyertage sind die neuen Wercke meines Sohnes alle aus geliehen – die guten Freunde glauben /:und zwar mit recht:/ daß sie sich die 3 Feyertage nicht beßer unterhalten könten – Seine Eugenie das ist ein Meister-Stück – aber die Großmutter hat auf neue die Lateinischen Lettern und den kleinen Druck zum Adrachmelech gewünscht. Er laße ja nichts mehr so in die Welt ausgehn – halte fest an deuschem Sinn – deuschen Buchstaben den wenn das Ding so fortgeht; so wird in 50 Jahren kein Deusch mehr weder geredet noch geschrieben – und du und Schiller Ihr seid hernach Classische Schrieftsteller – wie Horatz Lifius – Ovid u wie sie alle heißen, denn wo keine Sprache mehr ist, da ist auch kein Volck – was werden alsdann die Profesoren Euch zergliedern – auslegen – und der Jugend einpleuen – draum so lang es geht – deusch, deusch geredet – geschrieben und gedruckt.

Catharina Elisabeth Goethe an Christiane und J. W. von Goethe, S. 175

M6

Das Klassische und das Romantische

[...] kamen wir auf die neuesten französischen Dichter und auf die Bedeutung von *klassisch* und *romantisch*. „Mir ist ein neuer Ausdruck eingefallen", sagte Goethe, „der das Verhältnis nicht übel bezeichnet. Das Klassische nenne ich das Gesunde, und das Romantische das Kranke. Und da sind die Nibelungen klassisch wie der Homer, denn beide sind gesund und tüchtig. Das meiste Neuere ist nicht romantisch, weil es neu, sondern weil es schwach, kränklich und krank ist, und das Alte ist nicht klassisch, weil es alt, sondern weil es stark, frisch, froh und gesund ist. Wenn wir nach solchen Qualitäten Klassisches und Romantisches unterscheiden, so werden wir bald im reinen sein."

Johann Peter Eckermann: Gespräche mit Goethe in den letzten Jahren seines Lebens, S. 63

M 1

Vollendung und Unendlichkeit

Auch diese beiden Grundbegriffe der Vollendung und Unendlichkeit sind, wie der oberste Begriff der Ewigkeit, sowohl aus der historischen und psychologischen Erfahrung wie aus der philosophischen Erkenntnis abzuleiten. Es sind die Formen von Raum und Zeit, die Formen der Anschauung also, in welche der Geist all seine erfahrene Wirklichkeit gestaltet, die den schmerzlichen Widerspruch im Geiste selbst erzeugen müssen und auf Entscheidung und Erlösung dringen. Denn was im reinen Raume ewig ruhend, seiend ist, das ist unendlich werdend in der Zeit, und was in der reinen Zeit unendlich werdend ist, das ruht im Raum.

Derjenige Geist ist nun der klassische, der den Widerspruch von Raum und Zeit zur Harmonie zu bringen vermag. Der romantische Geist muss in dem inneren Widerspruch befangen bleiben, solange er sich in den Grenzen des Lebens und der Erfahrung bewegt. Denn der klassische Mensch vermag, was ewig und das heißt für ihn: vollendet ist, schon in der Zeit, im Strom des Lebens zu erleben und zu gestalten. Zeit und Ewigkeit ist für ihn kein Widerspruch, das Ewige ist schon in der Zeit. Denn dies ist sein Erlebnis: dass es im Strom der Zeit, in allem Wechsel und Wandel der Gestalten doch eben die zeitlos dauernde Gestalt, den ruhenden Pol in der Flucht der Erscheinungen, die ewige Substanz der Dinge gibt, die allen zeitlichen Verwandlungen zugrunde liegt. Sie ist in jedem voll gelebten Augenblicke gegenwärtig. Dies machte einen Goethe zu einer so wahrhaft klassischen Persönlichkeit: dass er immer den gegenwärtigen, lebendigen Augenblick zu leben und zu gestalten wusste, weil der Augenblick für ihn den Ewigkeitsgehalt besaß. Der klassische Mensch braucht die Grenzen des zeitlichen Lebens und der zeitlichen Erfahrung nicht zu verlassen, um sein Ideal zu verwirklichen. Er kann dem Strome der Zeit das ewig ruhende Gebilde entheben und doch dem Leben, der Erfahrung, der realen Welt ganz treuer Bürger bleiben. Er muss sich nicht aus diesen Grenzen fortsehnen, weil er sich in ihnen selbst schon ganz erfüllen und vollenden kann. Aber immer wieder taucht ein Geist in der Geschichte auf, der, weil er nicht das zeitlose, vollendete Gebilde, sondern die unendliche Melodie der Zeit erleben und gestalten möchte, in den unlöslichen Widerspruch mit Leben und Erfahrung kommt. Denn die Zeit, die er wirklich erlebt, ist ja nicht unendlich. Dies ist das Zeiterlebnis der Romantik, des Barock, der Gotik, des Christentums. Vergänglichkeit und Endlichkeit der Zeit heißt dies Erlebnis; und was hier unendlich scheint, ist nur der ewige Tod, das niemals ruhende Opfer allen Lebens, das ewige Verrauschen und Verklingen. So muss sich denn dieser Geist in eine Unendlichkeit zu erlösen suchen, welche jenseits dieses Lebens und der Erfahrung, jenseits der Formen von Raum und Zeit gelegen ist. Er ist unselig, sehnsüchtig, weltflüchtig. Man wird noch sehen, wie die romantische Form wirklich den Versuch macht, die Formen des Raumes und der endlichen Zeit zu zerbrechen und die unendliche Melodie zu schaffen, wie die romantische Dichtung sich nur in der Form des Märchens und des Traumes verwirklichen konnte, wo die Gesetze des Raumes und der Zeit keine Gültigkeit haben, wie sich der romantische Geist in die mystische Idee einer unendlichen Zeit verlor, in der alle Vergangenheit gegenwärtig, alle Zukunft schon lebendig ist.[…]

Vollendung ist geschlossen, Unendlichkeit aber offen. Vollendung ist die Einheit, die sich so in Vielheit gliedert, dass jedes Glied schon in sich selbst vollendet und geschlossen ist, weil sie auf solche Weise schon in jedem Teil und Augenblick am Ziele, ganz und gegenwärtig und somit in sich selber ruhend ist. Unendlichkeit aber schmilzt und verwandelt ohne Gliederung alles zu ungeteilter Einheit ineinander. Vollendung ist die Klarheit, Unendlichkeit aber das Dunkel. Vollendung ist die restlose Erscheinung eines ewigen Urbildes. Unendlichkeit aber kann niemals zu restloser Erscheinung kommen. Sie kann nur scheinen und bedeuten. Vollendung also erscheint im Bilde. Unendlichkeit aber deutet sich im Sinnbild an.

Fritz Strich: Deutsche Klassik und Romantik oder Vollendung und Unendlichkeit, S. 23 ff.

M2

Gegenbild zur bürgerlichen Gesellschaft

[…] Die Goethezeit ist zwar insofern die Zeit einer *bürgerlichen* Dichtung, als ihr Mutterschoß das gebildete deutsche Bürgertum ist, aber sie ist ihrem Geiste nach eine *überbürgerliche* Dichtung, mit der das gebildete Bürgertum den idealen Versuch gemacht hat, über sich selbst und seine Bürgerlichkeit hinauszukommen. Und so ist sie zwar die Dichtung eines bestimmten Standes – jenes dritten Standes, der seinen entscheidenden politischen Sieg in der Französischen Revolution erfochten hat – ihr Ideal aber war gerade *nicht* ihr bürgerlicher Stand, sondern das alle Stände verbindende *Allgemein-Menschliche*, das wir seitdem unter dem Worte „Humanität" verstehen. Nach ihrem wahren Wesen ist sie deshalb keine bürgerliche, sondern eine humane Dichtung, der *Humanitätstraum des gebildeten deutschen Bürgertums.*

[…] Und das heißt nicht etwa, es ist die Verklärung der bürgerlichen Lebensform, sondern umgekehrt ein Ideal, das aus dem Ungenügen, ja dem Leiden an der bürgerlichen Gesellschaft und also als ein Gegenbild zum Bürgertum entstanden ist. Um es zu verstehen, muss also notwendig von der menschlichen Fragwürdigkeit des bürgerlichen Lebens ausgegangen werden. Die aber hat die Goethezeit in der Verkümmerung des Menschen gesehen, wie sie die unausbleibende Folge der bürgerlichen Gesellschaft und insbesondere ihres Prinzips der Arbeitsteilung ist. Denn der Mensch als solcher ist sowohl ein Geschöpf mit eigenem organischem Bildungsgesetz als auch eine menschliche Totalität, ja eine innere Unendlichkeit. In der bürgerlichen Gesellschaft aber wird er zu objektiven, sehr speziellen Zwecken aufgebraucht und auf sein Berufsmenschentum eingeengt. Durch beides aber wird er um sein wahres Menschentum betrogen. „Handwerker siehst du, aber keine Menschen, Denker, aber keine Menschen, Priester, aber keine Menschen, Herren und Knechte, junge und gesetzte Leute, aber keine Menschen …", so schreit es uns aus Hölderlins *Hyperion* entgegen. Und die gleiche Anklage gegen die auf Arbeitsteilung beruhende, aber die Humanität vernichtende Kultur ist das große Thema von Schillers Briefen über die ästhetische Erziehung des Menschen. Daraus ergibt sich ohne weiteres, was als der allgemeinste Sinn des bürgerlichen Humanitätsideals begriffen werden muss. Es widersetzt sich dieser Entmenschlichung des Menschen mit der leidenschaftlichen Forderung nach organischer Ausbildung des Menschen in seiner unverkümmerten Totalität.

Hermann August Korff: Geist der Goethezeit. Versuch einer ideellen Entwicklung der klassisch-romantischen Literaturgeschichte, Bd. 1: Sturm und Drang, Koehler & Amelang Verlag, München/Berlin 1964, 7. Aufl., S. 6f.

In den Jahren 1988–1992 wurde im „Jahrbuch der Deutschen Schillergesellschaft" eine Diskussion um die Brauchbarkeit des Epochenbegriffs „Klassik" geführt, der die folgenden Stellungnahmen entstammen.

M3

Gebrauch des Terminus „Klassik"

a) Der Terminus ‚deutsche Klassik' gründet sich weder auf das Selbstverständnis von Goethe und Schiller noch auf das Urteil ihrer Zeitgenossen. Im *Literarischen Sansculottismus* findet sich der bezeichnende Satz: „Wir sind überzeugt, dass kein deutscher Dichter sich selbst für klassisch hält…" Der Terminus wurde auf Grund politisch-liberaler Interessen (Gervinus) geprägt, wofür die Annahme als Prämisse diente, dass die Entwicklung der deutschen Literatur bei Schiller und Goethe zur Vollendung und einem vorläufigen Abschluss gekommen sei. Er korrespondierte dem Nationalbewusstsein des Bildungsbürgertums im letzten Drittel des 19. Jahrhunderts.

b) Dem Terminus lagerten sich normative Konzepte an, die einerseits einem verständnisvollen Verhältnis zur deutschen Romantik abträglich sein konnten, die andererseits aber auch immer wieder eine lebendige Publikumsbeziehung zu dem, was als ‚klassische Literatur' bezeichnet wurde, erschwerten.

c) Die Bezeichnungsfunktion des Terminus ist unsicher. In der Literaturwissenschaft der DDR lassen sich folgende Bedeutungsbereiche deutlich unterscheiden: die literarische Produktion Goethes und Schillers zur Zeit ihrer Zusammenarbeit (Georg Lukács); Goethes und Schillers Werk, Teile der aufklärerischen, romantischen und Vormärz-Literatur, zuzüglich das Schaffen von Seume, Forster, Herder, Hölderlin, Jean Paul und Fichte (Walter Dietze); die „literarische Entwicklungslinie, die Goethe und Schiller praktizierten, die in Lenz einerseits, Hölderlin andererseits tragische Repräsentanten fand, die schließlich Goethe in der entwickelten Gestalt der philosophisch-symbolischen Dichtart… vollendete" (Wolfgang Heise); die Vorstellung einer Weimarer Klassik, die das Spätwerk Goethes mitumfasst und oft auch Goethes Schaffen seit der ersten italienischen Reise einschließt. Ähnlich weit, zum Teil noch weiter, divergiert die Bezeichnungsfunktion von ‚Klassik' in der geisteswissenschaftlichen Forschung und in der Germanistik der Bundesrepublik.

d) Der ästhetisch-ideelle Inhalt des Terminus ist zumindest seit dem Beginn dieses Jahrhunderts durch die angenommene Polarität von ‚klassisch' und ‚romantisch' bestimmt. Diese Antithese ist aus mehreren Gründen historisch schief: Sie stilisiert zu einem statischen Gegensatz, was historisch ein widersprüchlicher Prozess war, den Kräfte der Anziehung, Abstoßung und wechselseitigen Auseinandersetzung gleichermaßen vorantrieben; sie drängt ganze Bereiche des literarischen Lebens um 1800 an den Rand des literarhistorischen Interesses (zum Beispiel die aufklärerische und die politische Literatur des Zeitraums) und stempelt Autoren hohen Ranges zu literarischen Außenseitern; nicht zuletzt begünstigt sie die Annahme einer historischen Parallelität und künstlerischen Hierarchisierung von Klassik und Romantik, die dem Verlauf und Charakter der europäischen Literaturprozesse widerspricht.

e) Schiller und Goethe selbst sahen ihr Schaffen vom Sog der romantischen Literaturströmung bewegt, gegen den sie sich nicht nur wehrten. Sie wurden von den meisten ihrer außerdeutschen Zeitgenossen als Romantiker angesehen, und auch die gegenwärtige internationale Komparatistik hat große Schwierigkeiten mit der Konstruktion und Rechtfertigung einer deutschen Klassik. […]

Als Ausweg bietet sich an, den Terminus ‚Klassik' nur zu gebrauchen, wenn man ihn mit Zeichen für die eigene Zurückhaltung oder Distanzierung versieht, wenn man also mit einer sogenannten Klassik oder gar einer Klassik in Gänsefüßchen operiert. Dass dieser Ausweg bestenfalls eine Ausflucht ist, bedarf schon deshalb keiner Erläuterung, weil die ausgedrückte Zurückhaltung vor dem Terminus auch eine Distanzierung gegenüber der Sache suggerieren muss. Zwischen der sogenannten Klassik, der Klassik-Legende und der Pseudoklassik sind die Übergänge nun einmal fließend.

Hans-Georg Werner: Literarische „Klassik" in Deutschland?, S. 360f.

M4

Klassik als fortgeführte Aufklärung

Ob Erlebnis- oder Gedankenlyrik, antikes oder altpersisches Vermächtnis, zentral blieben Pflege und Ausdruck individuellen Denkens und Fühlens, die schließlich jede Konvention wie jede Doktrin überragen und überleben. Die Autonomie der klassischen Kunst ist eine Fortführung der intellektuellen Autonomie der Aufklärung. Sie bedeutet natürlich auch eine Bereicherung: denn sehr viel mehr als der Mut zu den eigenen rationellen Überzeugungen, als das Vertrauen zu dem „obersten Probierstein der Wahrheit in sich selbst (d. i. in seiner eigenen Vernunft)", wie sie Kant gefordert hat, ist der Mut zum ganzen eigenen Erleben und zu dessen Ausdruck; denn hier geht es nicht mehr um eventuell durch Vernunft Nachweisbares, sondern um das Setzen des Selbst in seiner ganzen Eigentümlichkeit – ein „Individualismus der Einzigkeit" statt nur „der Freiheit", wie Georg Simmel es formuliert hat.

Terence James Reed: Die Geburt der Klassik aus dem Geist der Mündigkeit, S. 372f.

M5

Modernität der Klassik

[...] Gemeint ist die Tatsache, dass unter den sogenannten großen Klassikern der europäischen Literatur – Homer, Vergil, Dante, Shakespeare, Goethe – der deutsche Autor eine Sonderstellung einnimmt. Der Standort am vorläufigen Ende der Reihe hat vor allem damit zu tun. Unter den Autoren des übernationalen europäischen Kanons ist Goethe der erste – und vorläufig auch der letzte – Dichter, der das Zeitalter der Originalität und damit des künstlerischen Individualismus repräsentiert, einer im Prinzip bis heute andauernden Entwicklung. Die Anfänge dieses Prozesses, der die ästhetischen Konsequenzen des neuzeitlichen Denkens vor Augen führt, spielen sich im 18. Jahrhundert ab, dem Gründungsjahrhundert aller wesentlichen Kategorien der modernen Kunst. [...]
Als künstlerisch autonome Persönlichkeiten gehören die Weimarer Dichter zweifellos zu den Protagonisten der kulturhistorischen Moderne.

Viktor Žmegač: Zur Klassik-Diskussion: Terminologische Fragen und kein Ende, S. 403/405

M6

Weimar und das „Weltganze"

Bildung ist aber auch mehr als eine solche im sozusagen geisteswissenschaftlichen Sinn. Sie ist im Verständnis dieser Weimarer Klassik Bildung organischer Naturen oder Bildungsbetrieb im Sinne des Göttinger Anatomen Blumenbach. Es gibt nicht nur Bildung im Wortschatz der Naturwissenschaft dieser Zeit; es gibt auch Bildung durch sie, wie man in Weimar und Jena überzeugt war. [...]
Man kann es nicht nachdrücklich genug betonen: der Geologe, der Botaniker, der Anatom, der Arzt sind aus dieser Weimarer Kultur nicht wegzudenken. Der Einklang und der Zusammenhang der „schönen Wissenschaften" und der „schönen Künste" ist das Einmalige und Außergewöhnliche, das diese Kultur auszeichnet [...]. Die erste folgenreiche Begegnung Goethes mit Schiller geschieht im Zeichen der Metamorphose der Pflanze. Man muss nicht immer nur Literatur mit Literatur vergleichen; es gibt auch Vergleiche anderer Art: solche literarischer Texte mit „Sachbüchern" der Medizin, der Naturwissenschaft oder Jurisprudenz. Es gibt Vergleiche anderer Art deshalb, weil es hier wie dort analoge Denkstrukturen und ein analoges Bild des Menschen gibt. Jagemanns Galilei-Biographie ist aus einer solchen Sicht ebenso Literatur der Weimarer Klassik wie Hufelands denkwürdige *Makrobiotik oder die Kunst, das Leben zu verlängern*. Das Humanitätsdenken des Arztes (Hufeland) und des Dichters (Goethe) verweisen aufeinander, und auch der Jurist Feuerbach gehört im weiteren Sinn zu dieser Kultur. Seine Strafrechtsreform in Bayern mit Abschaffung der Folter, die schon damals Tausenden von Menschen zugute kam, ist Geist vom Geist der Weimarer Klassik: in Jena war er zum Doktor der Philosophie promoviert worden, ehe er sich der Jurisprudenz zuwandte; von hier ist er ausgegangen. Auf engstem Raum, zwischen Weimar und Jena, ist das Strukturmodell einer in sich einheitlichen Kultur entstanden, in der es darum ging, zusammenzuführen, Einheit herzustellen und Trennungen zu vermeiden. Aus heutiger Sicht mögen Risse, Spaltungen und Widersprüche erkennbar sein. Aber im Verständnis der an dieser Kultur Beteiligten hat es diese Einheit – Goethes Begriff des Weltganzen! – für geraume Zeit gegeben. Sie ist höchst aktuell, obgleich sie etwas geschichtlich Gewordenes ist – ein Gegenbild zu dem, was kam und kommen musste: die durch die exakten Naturwissenschaften bewirkten Spezialisierungen mit den einhergehenden Trennungen zwischen Subjekt und Objekt, Empirie und Spekulation, zuletzt zwischen Naturwissenschaft und Geisteswissenschaft. Die Entwicklung ist kaum zu bedauern, weil sie notwendig war; aber sie hatte Folgen. Im Hinblick auf diese Folgen ist die Weimarer Klassik als Möglichkeit, die es einmal gegeben hat, noch immer aktuell.

Walter Müller-Seidel: Aufklärung und Weimarer Klassik, 1992, S. 412f.

M1

J. W. v. Goethe (1800)

Friedrich Bury, © AKG, Berlin

M2

J. W. v. Goethe (1801)

Christian Friedrich Tieck, © AKG, Berlin

M3

Friedrich Schiller (1805)

Johann Heinrich Dannecker, © AKG, Berlin

M4

Friedrich Schiller (1793)

Ludovike Simanowitz, © Schiller Nationalmuseum, Marbach a. N.

M5

J. G. Herder im 41. Lebensjahr

L. Sichling nach A. Graff, © AKG, Berlin

M6

J. G. Herder (1793)

Gottlieb Martin Klauer, © Schiller Nationalmuseum, Marbach a. N.

M7

Ch. M. Wieland (1805)

M. Steinla nach F. Jagemann, © AKG, Berlin

M8

Ch. M. Wieland

Johann Gottfried Schadow, © AKG, Berlin

M 9

W. v. Humboldt (um 1830)

Anonymes Gemälde, © bpk, Berlin

M 10

W. v. Humboldt (1795)

Gottlieb Martin Klauer, © AKG, Berlin

M1

Die Erfindung der Antike

Die ganze klassische Dichtung wurde zur *Atelierdichtung*: die Dramen, Romane, Gedichte, Abhandlungen der Klassiker haben kleine Fenster, Zimmeratmosphäre, künstliche oder höchstens Interieurbeleuchtung, starke Linien, aber blasse Farben. Alles ist eng, notdürftig ventiliert, verhängt, halbdunkel, alkovenhaft. Und dies alles als Nachahmung der Griechen, die ihre Schaustücke, Bildsäulen und Gemälde im Freien sowohl herstellten wie aufstellten, ihren künstlerischen Sport, ihre Philosophie, ihre Rhetorik auf der Straße betrieben, ihre politischen Versammlungen und Gerichtsverhandlungen, Götterkulte und Theatervorstellungen niemals in geschlossenen Räumen abhielten und überhaupt die *Pleinairmenschen* par excellence waren! [...]
Man wird natürlich niemals genau angeben können, wie das alte Hellas in Wirklichkeit ausgesehen hat, aber man kann ziemlich genau sagen, wie es nicht war: nämlich nicht so, wie das achtzehnte Jahrhundert es sich vorstellte. Sondern: bunt und gebrochen, nervös und irisierend, unbeherrscht und tumultuös und ganz und gar nicht abgeklärt; sein Zentrum Athen ein Farbenkasten, mitten in eine grell pittoreske Natur gesetzt, mit der deutlichen Absicht, sie noch zu überschreien, eine charmante Spielzeugschachtel von Stadt, wie man sie in nachantiken Zeiten niemals wieder gesehen und leider nicht einmal nachzuahmen versucht hat, angefüllt mit geschmackvoll und amüsant kolorierten lebensgroßen Stein- und Tonpuppen, prachtvoll und lärmend vergoldeten Kolossalfiguren, schillernden Fayencen, koketten Nippes und zierlichen Terrakotten; und dazwischen Menschen, die mit allem und jeglichem spielten: nicht nur mit ihren Leibes- und Redeübungen, ihrer Kunst und Erotik, sondern auch mit ihrer Wissenschaft und Philosophie, ihrer Justiz und Volkswirtschaft, ihren Staaten und Kriegen und sogar mit ihren Göttern, immer in Motion und Emotion, ungeheuer viel und schnell sprechend, was allein schon die Vorstellung der Klassizität aufhebt, jedoch trotzdem in Betonung und Aussprache, Wortstellung und Satzgefüge die letzten Feinheiten beobachtend; ihr Theater eine Mischung aus Ballett, Marionettenspiel und Volkskonzert, ihr eigentliches Theater aber ihr tägliches Parlament, ihre Frauen Schmuckattrappen für die Zimmerdekoration, ihre Philosophen originelle Tagediebe und Buffoni und ihre Religion ein organisierter Karneval und Vorwand für Ringkämpfe und Wettläufe, Aufzüge und Gelage.

Egon Friedell: Kulturgeschichte der Neuzeit, S. 793 ff.

M2

Italienische Volkskomödie

Nun endlich kann ich denn auch sagen, daß ich eine Komödie gesehen habe! Sie spielten heut' auf dem Theater St. Lukas „Le Baruffe Chiozzotte“, welches allenfalls zu übersetzen wäre: „Die Rauf- und Schreihändel von Chiozza“. Die Handelnden sind lauter Seeleute, Einwohner von Chiozza, und ihre Weiber, Schwestern und Töchter. Das gewöhnliche Geschrei dieser Leute im Guten und Bösen, ihre Händel, Heftigkeit, Gutmütigkeit, Plattheit, Witz, Humor und ungezwungene Manieren, alles ist gar brav nachgeahmt. Das Stück ist noch von Goldoni, und da ich erst gestern in jener Gegend war und mir Stimmen und Betragen der See- und Hafenleute noch im Aug' und Ohr widerschien und widerklang, so machte es gar große Freude, und ob ich gleich manchen einzelnen Bezug nicht verstand, so konnte ich doch dem Ganzen recht gut folgen.
Der Plan des Stücks ist folgender: Die Einwohnerinnen von Chiozza sitzen auf der Reede vor ihren Häusern, spinnen, stricken, nähen, klippeln wie gewöhnlich; ein junger Mensch geht vorüber und grüßt eine freundlicher als die übrigen, sogleich fängt das Sticheln an, dies hält nicht Maße, es schärft sich und wächst bis zum Hohne, steigert sich zu Vorwürfen, eine Unart überbietet die andere, eine heftige Nachbarin platzt mit der Wahrheit heraus, und nun ist Schelten, Schimpfen, Schreien auf einmal losgebunden, es fehlt nicht an entschiedenen Beleidigungen, so daß die Gerichtspersonen sich einzumischen genötigt sind.
Im zweiten Akt befindet man sich in der Gerichtsstube; der Aktuaris an der Stelle des abwesenden Podestà, der als Nobile nicht auf dem Theater hätte erscheinen dürfen, der Aktuarius also läßt die Frauen einzeln vorfordern; dieses wird dadurch bedenklich, daß er selbst in die erste Liebhaberin verliebt ist und, sehr glücklich, sie allein zu sprechen, anstatt sie zu verhören, ihr eine Liebeserklärung tut. Eine andere, die in den Aktuarius verliebt ist, stürzt eifersüchtig herein, der aufgeregte Liebhaber der ersten gleichfalls, die übrigen folgen, neue Vorwürfe häufen sich, und nun ist der Teufel in der Gerichtsstube los wie vorher auf dem Hafenplatz.
Im dritten Akt steigert sich der Scherz, und das Ganze endet mit einer eiligen, notdürftigen Auflösung. Der glücklichste Gedanke jedoch ist in einem Charakter ausgedrückt, der sich folgendermaßen darstellt.
Ein alter Schiffer, dessen Gliedmaßen, besonders aber die Sprachorgane, durch eine von Jugend auf geführte harte Lebensart stockend geworden, tritt auf als Gegensatz des beweglichen, schwätzenden, schreiseligen Volkes, er nimmt immer erst einen Anlauf durch Bewegung der Lippen und Nachhelfen der Hände und Arme, bis er denn endlich, was er gedacht, herausstößt. Weil ihm dieses aber nur in kurzen Sätzen gelingt, so hat er sich einen lakonischen Ernst angewöhnt, dergestalt, daß alles, was er sagt, sprüchwörtlich oder sententios klingt, wodurch denn das übrige wilde, leidenschaftliche Handeln gar schön ins Gleichgewicht gesetzt wird.
Aber auch so eine Lust habe ich noch nie erlebt, als das Volk laut werden ließ, sich und die Seinigen so natürlich vorstellen zu sehen. Ein Gelächter und Gejauchze von Anfang bis zu Ende. Ich muß aber auch gestehen, daß die Schauspieler es vortrefflich machten. Sie hatten sich nach Anlage der Charaktere in die verschiedenen Stimmen geteilt, welche unter dem Volke gewöhnlich vorkommen. Die erste Aktrice war allerliebst, viel besser als neulich in Heldentracht und Leidenschaft. Die Frauen überhaupt, besonders aber diese, ahmten Stimme, Gebärden und Wesen des Volks aufs anmutigste nach. Großes Lob verdient der Verfasser, der aus nichts den angenehmsten Zeitvertreib gebildet hat. Das kann man aber auch nur unmittelbar seinem eignen lebenslustigen Volk.

J. W. v. Goethe: Italienische Reise, Brief aus Venedig, 10. Oktober 1786, S. 94ff.

M3

Südländische Natur und Baukunst

Zusammen mit dem Zeichner Ch. H. Kniep reiste Goethe im Frühjahr 1787 nach Sizilien; unterwegs wurden die Eindrücke von Natur (Vesuv) und Baukunst (antike Denkmäler) in Bild und Wort festgehalten.

[...] Das Land ward immer flacher und wüster, wenige Gebäude deuteten auf kärgliche Landwirtschaft. Endlich, ungewiß, ob wir durch Felsen oder Trümmer führen, konnten wir einige große länglich-viereckige Massen, die wir in der Ferne schon bemerkt hatten, als überbliebene Tempel und Denkmale einer ehemals so prächtigen Stadt unterscheiden. Kniep, welcher schon unterwegs die zwei malerischen Kalkgebirge umrissen, suchte sich schnell einen Standpunkt, von wo aus das Eigentümliche dieser völlig unmalerischen Gegend aufgefaßt und dargestellt werden konnte.
Von einem Landmanne ließ ich mich indessen in den Gebäuden herumführen; der erste Eindruck konnte nur Erstaunen erregen. Ich befand mich in einer völlig fremden Welt. Denn wie die Jahrhunderte sich aus dem Ernsten in das Gefällige bilden, so bilden sie den Menschen mit, ja sie erzeugen ihn so. Nun sind unsere Augen und durch sie unser ganzes inneres Wesen an schlankere Baukunst hinangetrieben und entschieden bestimmt, so daß uns diese stumpfen, kegelförmigen, enggedrängten Säulenmassen lästig, ja furchtbar erscheinen. Doch nahm ich mich bald zusammen, erinnerte mich der Kunstgeschichte, gedachte der Zeit, deren Geist solche Bauart gemäß fand, vergegenwärtigte mir den strengen Stil der Plastik, und in weniger als einer Stunde fühlte

ich mich befreundet, ja ich pries den Genius, daß er mich diese so wohl erhaltenen Reste mit Augen sehen ließ, da sich von ihnen durch Abbildung kein Begriff geben läßt. Denn im architektonischen Aufriß erscheinen sie eleganter, in perspektivischer Darstellung plumper, als sie sind, nur wenn man sich um sie her, durch sie durch bewegt, teilt man ihnen das eigentliche Leben mit; man fühlt es wieder aus ihnen heraus, welches der Baumeister beabsichtigte, ja hineinschuf. Und so verbrachte ich den ganzen Tag, indessen Kniep nicht säumte, uns die genauesten Umrisse zuzueignen. Wir froh war ich, von dieser Seite ganz unbesorgt zu sein und für die Erinnerung so sichere Merkzeichen zu gewinnen. Leider war keine Gelegenheit, hier zu übernachten, wir kehrten nach Salern zurück, und den anderen Morgen ging es zeitig nach Neapel. Der Vesuv, von der Rückseite gesehn, in der fruchtbarsten Gegend; Pappeln pyramidal-kolossal an der Chaussee im Vordergrunde. Dies war auch ein angenehmes Bild, das wir durch ein kurzes Stillhalten erwarben.

Nun erreichten wir eine Höhe; der größte Anblick tat sich vor uns auf. Neapel in seiner Herrlichkeit, die meilenlange Reihe von Häusern am flachen Ufer des Golfs hin, die Vorgebirge, Erdzungen, Felswände, dann die Inseln und dahinter das Meer war ein entzückender Anblick.

Ein gräßlicher Gesang, vielmehr Lustgeschrei und Freudegeheul des hinten aufstehenden Knaben erschreckte und störte mich. Heftig fuhr ich ihn an, er hatte noch kein böses Wort von uns gehört, er war der gutmütigste Junge.

Eine Weile rührte er sich nicht, dann klopfte er mir sachte auf die Schulter, streckte seinen Arm mit aufgehobenem Zeigefinger zwischen uns durch und sagte: „Signor, perdonate! questa è la mia patria!“ – Das heißt verdolmetscht: „Herr, verzeiht! Ist das doch mein Vaterland!“ – Und so war ich zum zweiten Male überrascht. Mir armem Nordländer kam etwas Tränenartiges in die Augen!

J. W. v. Goethe: Italienische Reise, Neapel, 23. März 1787, S. 219f.

M4

Ideale Landschaft mit Tempelruine (1787)

J. W. v. Goethe, Zeichnung. Goethe-Museum Rom des Freien Deutschen Hochstift, © AKG, Berlin

M5

Begegnung der Gegensätze

LYNKEUS. Schwach ist, was der Herr befiehlt,
Tut's der Diener, es ist gespielt:
Herrscht doch über Gut und Blut
Dieser Schönheit Übermut.
Schon das ganze Heer ist zahm,
Alle Schwerter stumpf und lahm,
Vor der herrlichen Gestalt
Selbst die Sonne matt und kalt,
Vor dem Reichtum des Gesichts
Alles leer und alles nichts. Ab.

HELENA zu Faust.
Ich wünsche dich zu sprechen,
doch herauf
An meine Seite komm! Der leere Platz
Beruft den Herrn und sichert mir den meinen.

FAUST. Erst knieend laß die treue Widmung dir
Gefallen, hohe Frau; die Hand, die mich
An deine Seite hebt, laß mich sie küssen.
Bestärke mich als Mitregenten deines
Grenzunbewußten Reichs, gewinne dir
Verehrer, Diener, Wächter all' in einem!

HELENA. Vielfache Wunder seh' ich, hör' ich an,
Doch wünscht' ich Unterricht, warum die Rede
Des Manns mir seltsam klang, seltsam und
freundlich.
Ein Ton scheint sich dem andern zu bequemen,
Und hat ein Wort zum Ohre sich gesellt,
Ein andres kommt, dem ersten liebzukosen.

FAUST. Gefällt dir schon die Sprechart unsrer Völker,
O so gewiß entzückt auch der Gesang,
Befriedigt Ohr und Sinn im tiefsten Grunde.
Doch ist am sichersten, wir üben's gleich;
Die Wechselrede lockt es, ruft's hervor.

HELENA. So sage denn, wie sprech' ich auch
so schön?

FAUST. Das ist gar leicht, es muß von Herzen gehn.
Und wenn die Brust von Sehnsucht überfließt,
Man sieht sich um und fragt –

HELENA. wer mitgenießt.

FAUST. Nun schaut der Geist nicht vorwärts,
nicht zurück,
Die Gegenwart allein –

HELENA. ist unser Glück.

FAUST. Schatz ist sie, Hochgewinn, Besitz und Pfand;
Bestätigung, wer gibt sie?

HELENA. Meine Hand.

Ein Höhepunkt des II. Teils von Goethes „Faust" ist die Szene „Innerer Burghof" im 3. Akt. Hier kommt es zur Begegnung zwischen dem nordisch-mittelalterlichen Faust und der südlich-antiken Helena – ein Sinnzentrum des Werkes, auf das vielfältige Vorbereitungslinien zulaufen und das höchste symbolische Bedeutung gewinnt.
Die berühmt gewordene Stuttgarter „Faust"-Inszenierung von 1977 (Regie: Claus Peymann) verstörte viele Kritiker durch ihre Darbietung dieser Szene: „Die Griechin kommt im weißen Gewand, auf silbernen Kothurnen [...] und trägt das weggebundene Haar – unter einer Glatze. [...] Mit öligen Gesten stelzt die Dame, die den zweiten Faust im tiefsten bewegt und aufwühlt, über die weite Bühne."
(W. Ignée, Stuttgarter Zeitung, 1.3.1977)

M1

Titelblatt

Gedanken
über die
Nachahmung der Griechischen
Werke
in der
Malerey und Bildhauerkunst.

Zweyte vermehrte Auflage.

Dresden und Leipzig. 1756.
Im Verlag der Waltherischen Handlung.

M2

Edle Einfalt und stille Größe

Das allgemeine vorzügliche Kennzeichen der griechischen Meisterstücke ist endlich eine edle Einfalt, und eine stille Grösse, so wohl in der Stellung als im Ausdrucke. So wie die Tiefe des Meers allezeit ruhig bleibt, die Oberfläche mag noch so wüten, eben so zeiget der Ausdruck in den Figuren der Griechen bey allen Leidenschaften eine grosse und gesetzte Seele.
Diese Seele schildert sich in dem Gesichte des Laocoons, und nicht in dem Gesichte allein, bey dem heftigsten Leiden. Der Schmerz, welcher sich in allen Muskeln und Sehnen des Körpers entdecket, und den man ganz allein, ohne das Gesicht und andere Theile zu betrachten, an dem schmerzlich eingezogenen Unterleibe beynahe selbst zu empfinden glaubet; dieser Schmerz, sage ich, äussert sich dennoch mit keiner Wuth in dem Gesichte und in der ganzen Stellung. Er erhebet kein schreckliches Geschrey wie Virgil von seinem Laocoon singet: „Die Oeffnung des Mundes gestattet es nicht; es ist vielmehr ein ängstliches und beklemmtes Seufzen, wie es Sadolet beschreibet. Der Schmerz des Körpers und die Grösse der Seele sind durch den ganzen Bau der Figur mit gleicher Stärke ausgetheilet, und gleichsam abgewogen“. Laocoon leidet, aber er leidet wie des Sophocles Philoctetes: sein Elend gehet uns bis an die Seele; aber wir wünschten, wie dieser grosse Mann, das Elend ertragen zu können.
Der Ausdruck einer so grossen Seele gehet weit über die Bildung der schönen Natur: Der Künstler mußte die Stärke des Geistes in sich selbst fühlen, welche er seinem Marmor einprägete. Griechenland hatte Künstler und Weltweisen in einer Person, und mehr als einen Metrodor. Die Weisheit reichte der Kunst die Hand, und bließ den Figuren derselben mehr als gemeine Seelen ein.
Unter einem Gewande, welches der Künstler dem Laocoon als einem Priester hätte geben sollen, würde uns sein Schmerz nur halb so sinnlich gewesen seyn. Bernini hat so gar den Anfang der Wirkung des Gifts der Schlange in dem einen Schenkel des Laocoons an der Erstarrung desselben entdecken wollen.
Alle Handlungen und Stellungen der griechischen Figuren, die mit diesem Character der Weisheit nicht bezeichnet, sondern gar zu feurig und zu wild waren, verfielen in einen Fehler, den die alten Künstler Parenthyrsis nannten.
Je ruhiger der Stand des Körpers ist, desto geschickter ist er, den wahren Character der Seele zu schildern: in allen Stellungen, die von dem Stande der Ruhe zu sehr abweichen, befindet sich die Seele nicht in dem Zustande, der ihr der eigentlichste ist, sondern in einem gewaltsamen und erzwungenen Zustande. Kentlicher und bezeichnender wird die Seele in heftigen Leidenschaften; groß aber und edel ist sie in dem Stande der Einheit, in dem Stande der Ruhe. Im Laocoon würde der Schmerz, allein gebildet, Parenthyrsis gewesen seyn; der Künstler gab ihm daher, um das Bezeichnende und das Edle der Seele in eins zu vereinigen, eine Action, die dem Stande der Ruhe in solchem Schmerze der nächste war. Aber in dieser Ruhe muß die Seele durch Züge, die ihr und keiner andern Seele eigen sind, bezeichnet werden, um sie ruhig, aber zugleich wirksam, stille, aber nicht gleichgültig oder schläfrig zu bilden.

Johann Joachim Winckelmann: Gedanken über die Nachahmung der griechischen Werke, S. 21 f.

M3

Laokoon-Gruppe (50 v. Chr.)

M 4

Über die Menschheit erhaben

Die Statue des Apollo ist das höchste Ideal der Kunst unter allen Werken des Altertums, welche der Zerstörung entgangen sind. Der Künstler derselben hat dieses Werk gänzlich auf das Ideal gebaut, und er hat nur eben so viel von der Materie dazu genommen, als nötig war, seine Absicht auszuführen und sichtbar zu machen. Dieser Apollo übertrifft alle andere Bilder desselben so weit als der Apollo des Homerus den, welchen die folgenden Dichter malen. Über die Menschheit erhaben ist sein Gewächs, und sein Stand zeugt von der ihn erfüllenden Größe. Ein ewiger Frühling, wie in dem glücklichen Elysien, bekleidet die reizende Männlichkeit vollkommener Jahre mit gefälliger Jugend und spielt mit sanften Zärtlichkeiten auf dem stolzen Gebäude seiner Glieder. Gehe mit deinem Geiste in das Reich unkörperlicher Schönheiten und versuche, ein Schöpfer einer himmlischen Natur zu werden, um den Geist mit Schönheiten, die sich über die Natur erheben, zu erfüllen; denn hier ist nichts Sterbliches, noch was die menschliche Dürftigkeit erfordert. Keine Adern noch Sehnen erhitzen und regen diesen Körper, sondern ein himmlischer Geist, der sich wie ein sanfter Strom ergossen, hat gleichsam die ganze Umschreibung dieser Figur erfüllt. Er hat den Python, wider welchen er zuerst seinen Bogen gebraucht, verfolgt, und sein mächtiger Schritt hat ihn erreicht und erlegt. Von der Höhe seiner Genugsamkeit geht sein erhabener Blick, wie ins Unendliche, weit über seinen Sieg hinaus. Verachtung sitzt auf seinen Lippen, und der Unmut, welchen er in sich zieht, bläht sich in den Nüstern seiner Nase und tritt bis in die stolze Stirn hinauf. Aber der Friede, welcher in seiner seligen Stille auf derselben schwebt, bleibt ungestört, und sein Auge ist voll Süßigkeit, wie unter den Musen, die ihn zu umarmen suchen. [...]

Johann Joachim Winckelmann: Beschreibung des Apollo im Belvedere

M 5

Apollo vom Belvedere

Leochares (4. Jh. v. Chr.), © Alinari, Florenz (N. 6502)

M6

Übergang vom Individuellen zum Idealen

Es giebt einen vierfachen Genuss des Alterthums:
in der Lesung der alten Schriftsteller,
in der Anschauung der alten Kunstwerke,
in dem Studium der alten Geschichte,
in dem Leben auf classischem Boden. – Griechenland, Empfindungen tieferer Wehmuth. Rom, höherer Standpunkt, mehr Vollständigkeit der Uebersicht.

Alle diese verschiedenen Genüsse geben im Ganzen denselben, nur zu anderen Graden gesteigerten Eindruck, und das Charakteristische dieses Eindrucks besteht darin,

dass jeder andre Gegenstand immer nur zu einer einzelnen Beschäftigung tauglich, das Alterthum hingegen eine bessere Heimath, zu der man jedesmal gern zurückkehrt, scheint,

dass von ihm aus alle mannigfaltigen menschlichen Sinnes und Vorstellungsarten verständlich werden, die man, wenn man unmittelbar von einer zur andern übergienge, nicht leicht verstehen würde,

dass viele andre Gegenstände auf vielfache Weise ergreifen, allein keiner so alle Ansprüche befriedigt, so in nichts anstösst, so eine vollkommene und zugleich energische Ruhe einflösst,

dass die Beschäftigung mit dem Alterthume die Untersuchung nie zu einem Ende und den Genuss nie zur Sättigung führt, dass es scheint, als könne man auf einem kleinen, eng begrenzten Felde in immer unergründlichere Tiefe graben, um immer grössere Ansichten zu erhalten, dass die längst bekannten Formen immer zu neuer Erhabenheit und Lieblichkeit übergehen, und zu neuem Einklang zusammentreten.

Was diesen Eindruck hervorbringt, kann man die Behandlungsart der Alten nennen.

Das Eigenthümlichste dieser Behandlungsart nun ist:

die menschliche Natur in ihren individuellsten und einfachsten Wirkungen, bloss durch Läuterung und Zusammenhang, überall das Idealische anspielen zu lassen;

mit der höchst möglichen Freiheit von stoffartigem Interesse immer nur diese Form vor Augen zu haben, diesen Uebergang vom Individuellen zum Idealen, vom Einfachsten zum Höchsten, vom Einzelnen zum Universum, ihn wie einen freien Rhythmus, nur mit ewig verschiedenem untergelegtem Texte überall ertönen zu lassen;

daher alles im Ganzen und Einzelnen, nur mehr oder minder, symbolisch zu behandeln, und darin mit so glücklichem Tacte begabt zu seyn, dass ebensosehr die Reinheit der Idee, als die Individualität der Wirklichkeit geschont wird.

W. v. Humboldt: Latium und Hellas oder Betrachtungen über das classische Alterthum (1806), S. 136f.

M 7

Friedrich Schiller: Die Götter Griechenlands (1788)

Da ihr noch die schöne Welt regieret,
An der Freude leichtem Gängelband
Selige Geschlechter noch geführet,
Schöne Wesen aus dem Fabelland!
Ach, da euer Wonnedienst noch glänzte,
Wie ganz anders, anders war es da!
Da man deine Tempel noch bekränzte,
Venus Amathusia[1]!

Da der Dichtung zauberische Hülle
Sich noch lieblich um die Wahrheit wand –
Durch die Schöpfung floß da Lebensfülle,
Und was nie empfinden wird, empfand.
An der Liebe Busen sie zu drücken,
Gab man höhern Adel der Natur,
Alles wies den eingeweihten Blicken,
Alles eines Gottes Spur.

Wo jetzt nur, wie unsre Weisen sagen,
Seelenlos ein Feuerball sich dreht,
Lenkte damals seinen goldnen Wagen
Helios in stiller Majestät.
Diese Höhen füllten Oreaden[2],
Eine Dryas lebt' in jenem Baum,
Aus den Urnen lieblicher Najaden
Sprang der Ströme Silberschaum.

Jener Lorbeer[3] wand sich einst um Hilfe,
Tantals Tochter schweigt in diesem Stein,
Syrinx' Klage tönt' aus jenem Schilfe,
Philomelas Schmerz aus diesem Hain.
Jener Bach empfing Demeters Zähre,
Die sie um Persephonen geweint,
Und von diesem Hügel rief Cythere,
Ach umsonst! dem schönen Freund.

Zu Deukalions[4] Geschlechte stiegen
Damals noch die Himmlischen herab,
Pyrrhas schöne Töchter zu besiegen,
Nahm der Leto Sohn den Hirtenstab.
Zwischen Menschen, Göttern und Heroen
Knüpfte Amor einen schönen Bund,
Sterbliche mit Göttern und Heroen
Huldigten in Amathunt.

Finstrer Ernst und trauriges Entsagen
War aus eurem heitern Dienst verbannt,
Glücklich sollten alle Herzen schlagen,
Denn euch war der Glückliche verwandt.
Damals war nichts heilig als das Schöne,
Keiner Freude schämte sich der Gott,
Wo die keusch errötende Kamöne,
Wo die Grazie gebot

Eure Tempel lachten gleich Palästen,
Euch verherrlichte das Heldenspiel
An des Isthmus[5] kronenreichen Festen,
Und die Wagen donnerten zum Ziel.
Schön geschlungne seelenvolle Tänze
Kreisten um den prangenden Altar,
Eure Schläfe schmückten Siegeskränze,
Kronen euer duftend Haar.

Das Evöe[6] muntrer Thyrsusschwinger
Und der Panther prächtiges Gespann
Meldeten den großen Freudebringer,
Faun und Satyr taumeln ihm voran,
Um ihn springen rasende Mänaden,
Ihre Tänze loben seinen Wein,
Und des Wirtes braune Wangen laden
Lustig zu dem Becher ein.

Damals trat kein gräßliches Gerippe
Vor das Bett des Sterbenden. Ein Kuß
Nahm das letzte Leben von der Lippe,
Seine Fackel senkt' ein Genius.
Selbst des Orkus strenge Richterwaage
Hielt der Enkel einer Sterblichen
Und des Thrakers[7] seelenvolle Klage
Rührte die Erinnyen.

Seine Freuden traf der frohe Schatten
In Elysiens Hainen wieder an,
Treue Liebe fand den treuen Gatten
Und der Wagenlenker seine Bahn,
Linus'[8] Spiel tönt die gewohnten Lieder,
In Alcestens Arme sinkt Admet,
Seinen Freund erkennt Orestes wieder,
Seine Pfeile Philoktet.

Höhre Preise stärkten da den Ringer
Auf der Tugend arbeitvoller Bahn,
Großer Taten herrliche Vollbringer
Klimmten zu den Seligen hinan.
Vor dem Wiederfoderer der Toten
Neigte sich der Götter stille Schar;
Durch die Fluten leuchtet dem Piloten
Vom Olymp das Zwillingspaar[9].

Schöne Welt, wo bist du? Kehre wieder,
Holdes Blütenalter der Natur!
Ach, nur in dem Feenland der Lieder
Lebt noch deine fabelhafte Spur.
Ausgestorben trauert das Gefilde,
Keine Gottheit zeigt sich meinem Blick,
Ach, von jenem lebenwarmen Bilde
Blieb der Schatten nur zurück.

Alle jene Blüten sind gefallen
Von des Nordens schauerlichem Wehn,
Einen zu bereichern unter allen,
Mußte diese Götterwelt vergehn.
Traurig such ich an dem Sternenbogen,
Dich, Selene, find ich dort nicht mehr,
Durch die Wälder ruf ich, durch die Wogen,
Ach, sie widerhallen leer!

Unbewußt der Freuden, die sie schenket,
Nie entzückt von ihrer Herrlichkeit,
Nie gewahr des Geistes, der sie lenket,
Selger nie durch meine Seligkeit,
Fühllos selbst für ihres Künstlers Ehre,
Gleich dem toten Schlag der Pendeluhr,
Dient sie knechtisch dem Gesetz der Schwere,
Die entgötterte Natur.

Morgen wieder neu sich zu entbinden,
Wühlt sie heute sich ihr eignes Grab,
Und an ewig gleicher Spindel winden
Sich von selbst die Monde auf und ab.
Müßig kehrten zu dem Dichterlande
Heim die Götter, unnütz einer Welt,
Die, entwachsen ihrem Gängelbande,
Sich durch eignes Schweben hält.

Ja, sie kehrten heim, und alles Schöne,
Alles Hohe nahmen sie mit fort,
Alle Farben, alle Lebenstöne,
Und uns blieb nur das entseelte Wort.
Aus der Zeitflut weggerissen, schweben
Sie gerettet auf des Pindus Höhn,
Was unsterblich im Gesang soll leben,
Muß im Leben untergehn.

Erläuterungen:

1 Venus Amathusia: nach der Kultstätte Amathus
2 Oreaden: Bergnymphen
Dryas: Baumnymphe
Najaden: Flußnymphen
3 Jener Lorbeer usw.: Anspielungen auf die Verwandlungsmythen um Daphne, Niobe, Syrinx und Philomele
Demeter: Göttin der Fruchtbarkeit
Persephone: deren Tochter, von Hades geraubt
Cythere: Aphrodite
4 Deukalion und Pyrrha: Überleben nach der Vernichtung der Menschen durch Zeus
der Leto Sohn: Apollo
5 Isthmus von Korinth
6 Evöe/Thyrsus: Ausrufe und umwundene Stäbe bei den Bacchusfesten
7 des Thrakers: des Orpheus
8 Linus: sagenhafter thebanischer Sänger
Alkestis: Gattin des Admet, die zugunsten seines Lebens sich dem Tod weiht, aber von Herakles zurückgeholt wird (vgl. nächste Strophe: Wiederforderer der Toten).
Seinen Freund: Pylades
Seine Pfeile: Philoktet ist im Besitz der vergifteten Pfeile des Herakles
9 Zwillingspaar: Kastor und Pollux

M8

Rückzug aus der wirklichen Welt

Es ist eine sehr intereßante Frage, die Sie in Ihrem Gespräche aufwerfen, aber auf großem Widerspruch dürften Sie Sich wohl gefaßt machen. Ich selbst möchte ein paar Worte darauf sagen, um die Frage nach meiner Weise zu lösen. Gibt man Ihnen die Voraussetzung zu, daß die Poesie aus dem Leben, aus der Zeit, aus dem Wirklichen hervorgehen, damit eins ausmachen und darein zurückfließen muß und (in unseren Umständen) kann, so haben Sie gewonnen; denn da ist alsdann nicht zu läugnen, daß die Verwandtschaft dieser Nordischen Gebilde mit unserm Germanischen Geiste für jene entscheiden muß. Aber gerade jene Voraussetzung läugne ich. Es läßt sich, wie ich denke, beweisen, daß unser Denken und Treiben, unser bürgerliches, politisches, religiöses, wissenschaftliches Leben und Wirken wie die Prosa der Poesie entgegengesetzt ist. Diese Uebermacht der Prosa in dem Ganzen unsres Zustandes ist, meines Bedünkens, so groß und so entschieden, daß der poetische Geist, anstatt darüber Meister zu werden, nothwendig davon angesteckt und also zu Grunde gerichtet werden müßte. Daher weiß ich für den poetischen Genius kein Heil, als daß er sich aus dem Gebiet der wirklichen Welt zurückzieht und anstatt jener Coalition, die ihm gefährlich sein würde, auf die strengste Separation sein Bestreben richtet. Daher scheint es mir gerade ein Gewinn für ihn zu sein, daß er seine eigne Welt formiret und durch die Griechischen Mythen der Verwandte eines fernen, fremden und idealischen Zeitalters bleibt, da ihn die Wirklichkeit nur beschmutzen würde.

Friedrich Schiller: Brief an Herder, 4. 11. 1795

M9

Kämpfe der Griechen

J.-J. Deltil, Panorama-Tapete, 1829, © Musée du Papier Peint de Rixheim

M 10

Der Künstler verzweifelnd vor der Größe der Antike (1778/80)

Johann Heinrich Füßli, © Kunsthaus Zürich (Inv. Nr. 1940/144)

M 11

Der Künstler am Scheideweg (1791)

Joseph Anton Koch, © Staatsgalerie Stuttgart

M1

Verderbnis und Wiedergeburt

Der Künstler ist zwar der Sohn seiner Zeit, aber schlimm für ihn, wenn er zugleich ihr Zögling oder gar noch ihr Günstling ist. Eine wohltätige Gottheit reiße den Säugling beizeiten von seiner Mutter Brust, nähre ihn mit der Milch eines bessern Alters und lasse ihn unter fernem griechischen Himmel zur Mündigkeit reifen. Wenn er dann Mann geworden ist, so kehre er, eine fremde Gestalt, in sein Jahrhundert zurück; aber nicht, um es mit seiner Erscheinung zu erfreuen, sondern furchtbar wie Agamemnons Sohn, um es zu reinigen. Den Stoff zwar wird er von der Gegenwart nehmen, aber die Form von einer edleren Zeit, ja jenseits aller Zeit, von der absoluten unwandelbaren Einheit seines Wesens entlehnen. Hier aus dem reinen Äther seiner dämonischen Natur rinnt die Quelle der Schönheit herab, unangesteckt von der Verderbnis der Geschlechter und Zeiten, welche tief unter ihr in trüben Strudeln sich wälzen. Seinen Stoff kann die Laune entehren, wie sie ihn geadelt hat, aber die keusche Form ist ihrem Wechsel entzogen. Der Römer des ersten Jahrhunderts hatte längst schon die Knie vor seinen Kaisern gebeugt, als die Bildsäulen noch aufrecht standen, die Tempel blieben dem Auge heilig, als die Götter längst zum Gelächter dienten, und die Schandtaten eines Nero und Commodus beschämte der edle Stil des Gebäudes, das seine Hülle dazu gab. Die Menschheit hat ihre Würde verloren, aber die Kunst hat sie gerettet und aufbewahrt in bedeutenden Steinen; die Wahrheit lebt in der Täuschung fort, und aus dem Nachbilde wird das Urbild wiederhergestellt werden. So wie die edle Kunst die edle Natur *überlebte*, so schreitet sie derselben auch in der Begeisterung, bildend und erweckend, voran. Ehe noch die Wahrheit ihr siegendes Licht in die Tiefe der Herzen sendet, fängt die Dichtungskraft ihre Strahlen auf, und die Gipfel der Menschheit werden glänzen, wenn noch feuchte Nacht in den Tälern liegt.

Wie verwahrt sich aber der Künstler vor den Verderbnissen seiner Zeit, die ihn von allen Seiten umfangen? Wenn er ihr Urteil verachtet. Er blicke aufwärts nach seiner Würde und dem Gesetz, nicht niederwärts nach dem Glück und nach dem Bedürfnis. Gleich frei von der eitlen Geschäftigkeit, die in den flüchtigen Augenblick gern ihre Spur drücken möchte, und von dem ungeduldigen Schwärmergeist, der auf die dürftige Geburt der Zeit den Maßstab des Unbedingten anwendet, überlasse er dem Verstande, der hier einheimisch ist, die Sphäre des Wirklichen; er aber strebe, aus dem Bunde des Möglichen mit dem Notwendigen das Ideal zu erzeugen. Dieses präge er aus in Täuschung und Wahrheit, präge es in die Spiele seiner Einbildungskraft und in den Ernst seiner Taten, präge es aus in allen sinnlichen und geistigen Formen und werfe es schweigend in die unendliche Zeit.

Friedrich Schiller: Über die ästhetische Erziehung des Menschen, S. 462 f.

M2

Friedrich Schiller: Nänie (1799)

Auch das Schöne muß sterben! Das Menschen und Götter bezwinget,
Nicht die eherne Brust rührt es des stygischen Zeus.
Einmal nur erweichte die Liebe den Schattenbeherrscher,
Und an der Schwelle noch, streng, rief er zurück sein Geschenk.
Nicht stillt Aphrodite dem schönen Knaben die Wunde,
Die in den zierlichen Leib grausam der Eber geritzt.
Nicht errettet den göttlichen Held die unsterbliche Mutter,
Wann er, am skäischen Tor fällend, sein Schicksal erfüllt.
Aber sie steigt aus dem Meer mit allen Töchtern des Nereus,
Und die Klage hebt an um den verherrlichten Sohn.
Siehe! Da weinen die Götter, es weinen die Göttinnen alle,
Daß das Schöne vergeht, daß das Vollkommene stirbt.
Auch ein Klagelied zu sein im Mund der Geliebten, ist herrlich,
Denn das Gemeine geht klanglos zum Orkus hinab.

Erläuterungen
Nänie: Klage um Tote
des stygischen Zeus: Hades, der Gott der Unterwelt
Einmal nur ...: Anspielung auf Eurydikes Freigabe aus der Unterwelt
dem schönen Knaben: Adonis
den göttlichen Held: Achill, Sohn der Thetis

M3

Friedrich Hölderlin: An die Parzen (1799)

Nur einen Sommer gönnt, ihr Gewaltigen!
Und einen Herbst zu reifem Gesange mir,
Daß williger mein Herz, vom süßen
Spiele gesättiget, dann mir sterbe.
Die Seele, der im Leben ihr göttlich Recht
Nicht ward, sie ruht auch drunten im Orkus nicht;
Doch ist mir einst das Heilge, das am
Herzen mir liegt, das Gedicht, gelungen.
Willkommen dann, o Stille der Schattenwelt!
Zufrieden bin ich, wenn auch mein Saitenspiel
Mich nicht hinab geleitet; Einmal
Lebt ich, wie Götter, und mehr bedarfs nicht.

M1

Bühnenbild zu Schillers „Wallensteins Lager“

M2

Hebbel über „Wallensteins Lager“

Das Lager ist unstreitig Schillers glänzendste Dichter-Schöpfung, wie schon der Umstand beweist, daß es Goethe zugeschrieben werden konnte. Man erzählte von einem Maler, der eine Menge Pferde, Esel, Schweine usw. im buntesten Gewühl wüst durcheinander malte, und diese Tiere, trotz ihrer anscheinenden Freiheit und Ungebundenheit, so zu gruppieren wußte, daß sie, jedes in einer natürlichen widerborstigen Gestalt den Teil eines Buchstabens abgebend, zusammen den Namen Gottes ausdrückten; sieh. Gleiches ist in Wallensteins Lager erreicht. Das sind alles rohe Soldaten und abenteuerliche Figuren, wie sie der Krieg zu Dutzenden hervorruft, und nichtsdestoweniger schreitet der historische Geist mit leuchtenden Augen auf eine, auch dem Halbblinden noch erkennbare Weise hindurch. [...]

Friedrich Hebbel: Wallenstein. 1848. In: Hebbels Werke, S. 128

Abends sah ich Wallensteins Lager, seit lange, des Kapuziners wegen, vom Repertoire verschwunden und jetzt plötzlich, zum Beweis des „wirklichen Fortschritts“, wie es scheint, wieder aufgetaucht. Dies Bild ist von einer so unglaublichen Schönheit, daß es mich fast zu Tränen rührt, wenn ich es sehe oder lese, was ich von Schillers Tragödien eben nicht sagen kann. Wer wissen will, wie Realismus und Idealismus sich im Indifferenzpunkt ausgleichen, der kann es hier erfahren; all diese Mücken und Ameisen tanzen im Sonnenstrahl, ohne ihn zu kennen, und doch gibt er allein ihnen die Kraft und das Vermögen.

Friedrich Hebbel: Tagebuchnotiz v. 24. November 1859. In: Hebbels Werke, S. 264

Am 9. November 1969 fand in Köln die Premiere einer spektakulären „Wallenstein"-Inszenierung des Regisseurs Hansgünther Heyme statt, ausgehend von „der Ansicht, dass dieses Stück nicht nur eine historische Schau auf den Dreißigjährigen Krieg ist, sondern in hervorragendem Maße unsere Zeit meint" (Vietnam-Resolution des „Wallenstein"-Ensembles).

M3

Volker Canaris: „Den Schiller ändern". Anmerkungen zu Heymes Bearbeitung

1. Zerschlagen der klassischen Form

Heymes Bearbeitung löst die Geschlossenheit der beiden fünfaktigen Dramen Schillers auf zugunsten einer offenen Bildfolge. Das Baugesetz von Exposition, Konflikt, Peripetie und Katastrophe wird ersetzt durch die Reihung einander gleichwertiger Handlungselemente. Aus der Schicksalstragödie wird ein Stück über Geschichte. (Die Entstehungsgeschichte der Schillerschen *Wallenstein*-Trilogie zeigt, wie sehr sich der Stoff der Einzwängung in die fünfaktige Form widersetzt hat – Heyme hat das Stück aus formalen Konventionen gelöst denen Schiller es unterwerfen zu müssen glaubte.)
Diese Öffnung der Form hat zur Folge: die einzelnen Szenen brauchen nicht mehr „organisch" auseinander entwickelt und ineinander übergeleitet zu werden – sie stehen je für sich. Heyme kann seine Bilder auf ihren Kern konzentrieren, sie beginnen unmittelbar mit dem Konflikt, brechen ab im zugespitztesten Moment. Heyme ändert dort am wenigsten, wo Schiller am dialektischsten ist: in den politischen Auseinandersetzungen.
Die offene Form provoziert auch die kommentierende Ebene der Projektionen: Heyme benutzt sie um das Geschehen wenigstens andeutungsweise in den historischen Kontext einzuordnen. Er bedient sich dabei der verblüffend scharfen Beobachtungen des Historikers und Analytikers Schiller ebenso wie der Ergebnisse der neuesten Forschung (Diwald).

2. Einbringen der historischen Dialektik

Die Aufteilung der Lagerszenen auf den Gesamtverlauf der Fabel füllt die offene Form mit konkretem Inhalt. Heymes *Wallenstein* zeigt das politische Desaster eines langandauernden Krieges. Der Krieg erscheint nicht mehr als Hintergrund heldenhafter Schicksale, sondern als politischer Mechanismus: er vernichtet die Vielen auf Kommando und im Interesse der Wenigen; die anonymen, zerschlagenen Gestalten der Soldaten und Bauern erscheinen als die eigentlichen Opfer dieses *Wallenstein*. Zugleich erhalten die *Lager*-Szenen die Funktion, den eigentlichen Motor der Fabel zu zeigen: Geschichte wird nicht von den großen Männern gemacht – sie entwickelt sich vielmehr als dialektischer Prozess; auch die Großen sind dem Gang der Geschichte unterworfen, die Masse des Volkes ist – so zeigt die dauernde Wechselbeziehung von *Lager*-Szenen und *Wallenstein*-Bildern – der eigentliche Träger der Geschichte.

3. Konkretisieren der Figuren

Heyme streicht die Rolle der Gräfin Terzky, er streicht damit die dämonische Kraft aus Schillers Stück. Die dramaturgische Funktion der Intrigantin (die Handlung voranzutreiben) ist den eingebauten *Lager*-Elementen zugewiesen. Die psychologische Funktion, Wallenstein zur Tat anzustacheln, hat Heyme in die Figur Wallensteins selbst hineinverlegt: er macht aus dem Dialog zwischen der drängenden Gräfin und dem zögernden Wallenstein (Tod I, 7) einen Monolog Wallensteins. Dieser erscheint nicht mehr als der zwischen Freiheit und Notwendigkeit Stehende, sondern als ein fallender Potentat, der sich selbst Durchhalten suggeriert.
Das Einfügen einiger Verse und Projektionen, die Wallensteins Gicht beschreiben, erläutert im Text einen szenisch immer wieder angespielten Vorgang: dass Wallenstein krank ist, dass sein Fall vor allem ein Verfallen ist. Nicht den idealistisch-tragischen Helden (zu dem Schiller am Ende seinen zuvor so realistisch gezeichneten Wallenstein stilisiert) zeigt Heyme, sondern die materialen Ursachen seiner Handlungs- und Denkweisen.
Das Gleiche gilt für Max und Thekla. Ihre Romanze wird so verknappt und akzentuiert, dass nicht mehr ein irgendwie gearteter Freiheitsraum beschworen wird – im Gegenteil: gerade die Beziehung zwischen Max und Thekla ist Zwängen ausgesetzt, ist manipuliert. Max ist in Heymes Bearbeitung der vom Krieg Verführte, der dem Führeridol Verfallene, der nur im Blutrausch einen „Ausweg" sieht. Und Theklas Bewusstsein ist verformt durch die klösterliche Erziehung (die Heyme stark betont); als sie selbständig handeln soll, zieht sie sich auf stereotyp wiederholte Formeln zurück („Erfülle deine Pflicht").
Insgesamt verfährt Heyme mit den Figuren Schillers (auch mit der Herzogin, mit Buttler, mit Octavio) so: er lässt ihnen ihre Handlungen, aber er konkretisiert ihre Motivationen. Er versucht, die klassischen Figuren durchschaubar und damit kritisierbar zu machen.

Schiller/Heyme: Wallenstein, S. 139 f.

M4

Brief Wolfgang Schadewaldts an Hansgünther Heyme zum Kölner „Wallenstein“

Letzten Sonntag habe ich in Köln Ihren „Wallenstein“ gesehen. Es war mein stärkster theatralischer Eindruck seit den Reinhardt-Inszenierungen vom Anfang der zwanziger Jahre in Berlin. Großes Theater. Konzeption und Gestaltung in der richtigen Balance. Das Theater, in dem es sich *selbst erfüllt, sich transzendierend.* –

Zum „Wallenstein“ selbst: er hat mich in Ihrer Darstellung zum ersten Mal überzeugt. – Eine große *Dichtung*, zweifellos: große Dinge, Gedanken wie Realitäten, kommen in ihr in Bewegung. Aber so viel Heikles an der Gestalt und um sie herum. Ein „dramatisches Gedicht“? ein „Trauerspiel“? (Was sollen uns „Trauerspiele“?). Jedenfalls keine *Tragödie* (wie Schiller selber wusste).

Sie haben das Stück als *„Historie“* gefasst (wie Shakespeares Königsdramen und manches Brechtische), haben zum Hauptakteur – statt Wallenstein – den *Krieg* gemacht – *Ares*, den höchst realen Daimon. So waltet ein „furchtbarer Ernst“, eine *„hohe Nemesis“* durch die Handlung, die *„reine Form des Tragisch-Furchtbaren“* wird erfahrbar (Ausdrücke Schillers über „Richard III.“ und seine „Braut von Messina“, doch von ihm selbst im „Wallenstein“ noch nicht erreicht).

Der Krieg als Mahlstrom, dessen Sog alle Handelnden verschlingt: Wallenstein selbst, wie Max und Thekla, Terzky und Illo und, in anderem Sinn, selbst Octavio Piccolomini. Die Ohnmacht des Mächtigen (an Kraft wie Geist) in Wallenstein wird so begreiflich. Sie sind alle Gebannte des Krieges, und Untergang ist hier auch das Los des Schönen, der idealischen Freiheit in Max und Thekla.

So war die Aufteilung des „Lagers“ über das ganze Stück hin ein genialer Griff. Statt so viel Genrehaftem im „Lager“ nun die *permanente Präsenz des Krieges* und: ein griechischer *Chor* vor der „Braut von Messina“.

Es ist fast komisch. Da suchen die Herren bei Inszenierungen antiker Chor-Tragödien sich um den Chor herumzudrücken. Sie führen ihn neu ein und erreichen, dass das „dramatische Gedicht“ die volle Substanz des *Geschehen-haften* neu gewinnt. – „Seltsam ist Prophetenlied – Doppelt seltsam, was *geschieht.*“ –

Die Rückwirkung auf Handlung und Gestalten: der architektonische Bau streng umgrenzter „Bilder“ gewinnt eine unerhörte *Konsistenz*. Ich kenne (und anerkenne) Ihre große Kraft des Gestaltens *massiver* Realvisionen (mit Demonstration des Grellen, Drastischen, Brutalen, Widerwärtigen). Hier im „Wallenstein“ hat das alles den höchsten Grad der Richtigkeit: der gichtige Wallenstein, statt des Nachthemds bereits vor seinem Tode gleichsam mumifiziert, die hysterischen Schreie Theklas usw. usw. Theklas Vision vom Tode Maxens, statt des „Botenberichts“ des Hauptmanns usw. Ihre ganze zum Zerbrechen bestimmte und zerbrechende Gestalt. –

Im Ganzen die *Re-antikisierung*, *Re-gräzisierung* Schillers. Tragödie nur mehr im Sinne des *Aischylos* als des Sophokles. Und damit sogleich *Modernisierung*. Rückgriffe – Vorgriffe – *beides* muss ineinanderwirken, wenn es zu rechten Griffen kommen soll. – Kein Gestern und Heute, Vorgestern und Morgen. Sondern *Gegenwart*, hervorgebohrt aus dem gemeinsam *Gründenden.*

Schiller – unschillerisch? – Es ging für Sie darum, *„ihn“* aus der Be-schönigung der klassizistischen Wohltätigkeit herauszubrechen, aus dem zeitlich bedingten Phänotyp die in ihm gründende Wesensform herauszuschälen. Goethe sagt vom Kunstwerk einmal, dass „seine Wahrheit uns mit Fäusten schlägt“. Um den Faustschlag der Wahrheit Schillers geht es. –

M 1

Immanuel Kant: Von der Zeit

Die Zeit ist nichts anderes, als die Form des inneren Sinnes, d. i. des Anschauens unserer selbst und unseres inneren Zustandes. Denn die Zeit kann keine Bestimmung äußerer Erscheinungen sein; sie gehört weder zu einer Gestalt, oder Lage usw., dagegen bestimmt sie das Verhältnis der Vorstellungen in unserem inneren Zustande. Und, eben weil diese innere Anschauung keine Gestalt gibt, suchen wir auch diesen Mangel durch Analogien zu ersetzen, und stellen die Zeitfolge durch eine ins Unendliche fortgehende Linie vor, in welcher das Mannigfaltige eine Reihe ausmacht, die nur von einer Dimension ist, und schließen aus den Eigenschaften dieser Linie auf alle Eigenschaften der Zeit, außer dem einigen, daß die Teile der ersteren zugleich, die der letzteren aber jederzeit nacheinander sind. Hieraus erhellt auch, daß die Vorstellung der Zeit selbst Anschauung sei, weil alle ihre Verhältnisse sich an einer äußeren Anschauung ausdrücken lassen.
Die Zeit ist die formale Bedingung a priori aller Erscheinungen überhaupt. Der Raum, als die reine Form aller äußeren Anschauung ist als Bedingung a priori bloß auf äußere Erscheinungen eingeschränkt. Dagegen, weil alle Vorstellungen, sie mögen nun äußere Dinge zum Gegenstande haben, oder nicht, doch an sich selbst, als Bestimmungen des Gemüts, zum inneren Zustande gehören, dieser innere Zustand aber, unter der formalen Bedingung der inneren Anschauung, mithin der Zeit gehört, so ist die Zeit eine Bedingung a priori von aller Erscheinung überhaupt, und zwar die unmittelbare Bedingung der inneren (unserer Seelen) und eben dadurch mittelbar auch der äußere Erscheinungen.
Wenn ich a priori sagen kann: alle äußeren Erscheinungen sind im Raume, und nach den Verhältnissen des Raumes a priori bestimmt, so kann ich aus dem Prinzip des inneren Sinnes ganz allgemein sagen: alle Erscheinungen überhaupt, d. i. alle Gegenstände der Sinne, sind in der Zeit, und stehen notwendigerweise in Verhältnissen der Zeit.
Wenn wir von *unserer* Art, uns selbst innerlich anzuschauen, und vermittelst dieser Anschauung auch alle äußeren Anschauungen in der Vorstellungskraft zu befassen, abstrahieren, und mithin die Gegenstände nehmen, so wie sie an sich selbst sein mögen, so ist die Zeit nichts. Sie ist nur von objektiver Gültigkeit in Ansehung der Erscheinungen, weil diese schon Dinge sind, die wir als *Gegenstände unserer Sinne* annehmen; aber sie ist nicht mehr objektiv, wenn man von der Sinnlichkeit unserer Anschauung, mithin derjenigen Vorstellungsart, welche uns eigentümlich ist, abstrahiert, und von *Dingen überhaupt* redet. Die Zeit ist also lediglich eine subjektive Bedingung unserer (menschlichen) Anschauung, (welche jederzeit sinnlich ist, d. i. sofern wir von Gegenständen affiziert werden,) und an sich, außer dem Subjekte, nichts. Nichtsdestoweniger ist sie in Ansehung aller Erscheinungen, mithin auch aller Dinge, die uns in der Erfahrung vorkommen können, notwendigerweise objektiv. Wir können nicht sagen: alle Dinge sind in der Zeit, weil bei dem Begriff der Dinge überhaupt von aller Art der Anschauung derselben abstrahiert wird, diese aber die eigentliche Bedingung ist, unter der die Zeit in die Vorstellung der Gegenstände gehört. Wird nun die Bedingung zum Begriffe hinzugefügt, und es heißt: alle Dinge, als Erscheinungen (Gegenstände der sinnlichen Anschauung), sind in der Zeit, so hat der Grundsatz seine gute objektive Richtigkeit und Allgemeinheit a priori.
Unsere Behauptungen lehren demnach *empirische Realität* der Zeit, d. i. objektive Gültigkeit in Anschauung aller Gegenstände, die jemals unseren Sinnen gegeben werden mögen. Und da unsere Anschauung jederzeit sinnlich ist, so kann uns in der Erfahrung niemals ein Gegenstand gegeben werden, der nicht unter die Bedingung der Zeit gehörte. Dagegen bestreiten wir der Zeit allen Anspruch auf absolute Realität, da sie nämlich, auch ohne auf die Form unserer sinnlichen Anschauung Rücksicht zu nehmen, schlechthin den Dingen als Bedingung oder Eigenschaft anhinge. Solche Eigenschaften, die den Dingen an sich zukommen, können uns durch die Sinne auch niemals gegeben werden.

Immanuel Kant: Kritik der reinen Vernunft, 1781, S. 76ff.

M 2

Heinrich von Kleist: Brief an Wilhelmine von Zenge vom 22. 3. 1801 (Auszug)

Vor kurzem ward ich mit der neueren sogenannten Kantischen Philosophie bekannt – und Dir muß ich jetzt daraus einen Gedanken mitteilen, indem ich nicht fürchten darf, daß der Dich so tief, so schmerzhaft erschüttern wird, als mich. Auch kennst Du das Ganze nicht hinlänglich, um sein Interesse vollständig zu begreifen. Ich will indessen so deutlich sprechen, als möglich.
Wenn alle Menschen statt der Augen grüne Gläser hätten, so würden sie urteilen müssen, die Gegenstände, welche sie dadurch erblicken, *sind* grün – und nie würden sie entscheiden können, ob ihr Auge ihnen die Dinge zeigt, wie sie sind, oder ob es nicht etwas zu ihnen hinzutut, was nicht ihnen, sondern dem Auge gehört. So ist es mit dem Verstande. Wir können nicht entscheiden, ob das, was wir Wahrheit nennen, wahrhaft Wahrheit ist, oder ob es uns nur so scheint. Ist das letzte, so *ist* die Wahrheit, die wir hier sammeln, nach dem Tode nicht mehr – und alles Bestreben, ein Eigentum sich zu erwerben, das uns auch in das Grab folgt, ist vergeblich –

Ach, Wilhelmine, wenn die Spitze dieses Gedankens Dein Herz nicht trifft, so lächle nicht über einen andern, der sich tief in seinem heiligsten Innern davon verwundert fühlt. Mein einziges, mein höchstes Ziel ist gesunken, und ich habe nun keines mehr – [...]

M3

Kants „Kategorischer Imperativ“

§ 7.

Grundgesetz der reinen praktischen Vernunft.

Handle so, daß die Maxime deines Willens jederzeit zugleich als Prinzip einer allgemeinen Gesetzgebung gelten könne.

Anmerkung.

Die reine Geometrie hat Postulate als praktische Sätze, die aber nichts weiter enthalten als die Voraussetzung, daß man etwas tun *könne*, wenn etwa gefodert würde, man solle es tun, und diese sind die einzigen Sätze derselben, die ein Dasein betreffen. Es sind also praktische Regeln unter einer problematischen Bedingung des Willens. Hier aber sagt die Regel, man solle schlechthin auf gewisse Weise verfahren. Die praktische Regel ist also unbedingt mithin als kategorisch praktischer Satz a priori vorgestellt, wodurch der Wille schlechterdings und unmittelbar (durch die praktische Regel selbst, die also hier Gesetz ist) objektiv bestimmt wird. Denn reine, *an sich praktische Vernunft* ist hier unmittelbar gesetzgebend. Der Wille wird als unabhängig von empirischen Bedingungen, mithin als reiner Wille, *durch die bloße Form des Gesetzes* als bestimmt gedacht und dieser Bestimmungsgrund als die oberste Bedingung aller Maximen angesehen. Die Sache ist befremdlich genug und hat ihresgleichen in der ganzen übrigen praktischen Erkenntnis nicht.

Immanuel Kant: Kritik der praktischen Vernunft, 1788, S. 35

M4

Hegel über den Idealismus

Der Satz, daß das Endliche *ideell* ist, macht den *Idealismus* aus. Der Idealismus der Philosophie besteht in nichts anderem, als darin, das Endliche nicht als ein wahrhaft Seyendes anzuerkennen. Jede Philosophie ist wesentlich Idealismus, oder hat denselben wenigstens zu ihrem Princip, und die Frage ist dann nur, inwiefern dasselbe wirklich durchgeführt ist. Die Philosophie ist es sosehr als die Religion; denn die Religion anerkennt die Endlichkeit ebenso wenig als ein wahrhaftes Seyn, als ein Letztes, Absolutes, oder als ein Nicht-gesetztes, Unerschaffenes, Ewiges.

Georg Wilhelm Friedrich Hegel: Wissenschaft der Logik, S. 142

M 1

Die Suche nach der Urpflanze

Es ist ein wahres Unglück, wenn man von vielerlei Geistern verfolgt und versucht wird! Heute früh ging ich mit dem festen, ruhigen, Vorsatz, meine dichterischen Träume fortzusetzen, nach dem öffentlichen Garten; allein eh' ich mich's versah, erhaschte mich ein anderes Gespenst, das mir schon dieser Tage nachgeschlichen. Die vielen Pflanzen, die ich sonst nur in Kübeln und Töpfen, ja die größte Zeit des Jahres nur hinter Glasfenstern zu sehen gewohnt war, stehen hier froh und frisch unter freiem Himmel und indem sie ihre Bestimmung vollkommen erfüllen, werden sie uns deutlicher. Im Angesicht so vielerlei neuen und erneuten Gebildes fiel mir die alte Grille wieder ein, ob ich nicht unter dieser Schar die Urpflanze entdecken könnte. Eine solche muß es denn doch geben! Woran würde ich sonst erkennen, daß dieses oder jenes Gebilde eine Pflanze sei, wenn sie nicht alle nach einem Muster gebildet wären?

Ich bemühte mich zu untersuchen, worin denn die vielen abweichenden Gestalten voneinander unterschieden seien. Und ich fand sie immer mehr ähnlich als verschieden, und wollte ich meine botanische Terminologie anbringen, so ging das wohl, aber es fruchtete nicht, es machte mich unruhig, ohne daß es mir weiterhalf. Gestört war mein guter poetischer Vorsatz; der Garten des Alcinous war verschwunden, ein Weltgarten hatte sich aufgetan. Warum sind wir Neuern doch so zerstreut, warum gereizt zu Forderungen, die wir nicht erreichen noch erfüllen können!

J. W. v. Goethe: Italienische Reise; 17.4.1786, S. 266 ff.

Ferner muß ich dir vertrauen, daß ich dem Geheimnis der Pflanzenzeugung und -organisation ganz nahe bin und daß es das Einfachste ist, was nur gedacht werden kann. Unter diesem Himmel kann man die schönsten Beobachtungen machen. Den Hauptpunkt, wo der Keim steckt, habe ich ganz klar und zweifellos gefunden; alles übrige seh' ich auch schon im ganzen, und nur noch einige Punkte müssen bestimmter werden. Die Urpflanze wird das wunderlichste Geschöpf von der Welt, um welches mich die Natur selbst beneiden soll. Mit diesem Modell und dem Schlüssel dazu kann man alsdann noch Pflanzen ins Unendliche erfinden, die konsequent sein müssen, das heißt: die, wenn sie auch nicht existieren, doch existieren könnten und nicht etwa malerische oder dichterische Schatten und Scheine sind, sondern eine innerliche Wahrheit und Notwendigkeit haben. Dasselbe Gesetz wird sich auf alles übrige Lebendige anwenden lassen.
Soviel aber sei hier, ferneres Verständnis vorzubereiten, kürzlich ausgesprochen: Es war mir nämlich aufgegangen, daß in demjenigen Organ der Pflanze, welches wir als Blatt gewöhnlich anzusprechen pflegen, der wahre Proteus verborgen liege, der sich in allen Gestaltungen verstecken und offenbaren könne. Vorwärts und rückwärts ist die Pflanze immer nur Blatt, mit dem künftigen Keime so unzertrennlich vereint, daß man eins ohne das andere nicht denken darf. Einen solchen Begriff zu fassen, zu ertragen, ihn in der Natur aufzufinden, ist eine Aufgabe, die uns in einen peinlich süßen Zustand versetzt.

J. W. v. Goethe: Italienische Reise; 17.7.1787, S. 375.

M 2

Delphinreiter (1787/89)

J. W. v. Goethe, © Stiftung Weimarer Klassik

Diese Bleistift- und Federzeichnung Goethes befindet sich im Original zwischen Notizen über die Metamorphose der Pflanzen; daher ist vermutet worden, dass er sich hier selbst – in stilisierter Form – als Arion (den mythischen Sänger aus Methymna, der von einem Delphin vor Gewalt gerettet wurde) dargestellt habe; die Pflanze in seiner rechten Hand bedeute dann die von ihm entdeckte Urpflanze als seine Gabe an die Menschen.

M 3

J. W. v. Goethe: Glückliches Ereignis

[...] ich vermied Schillern, der, sich in Weimar aufhaltend, in meiner Nachbarschaft wohnte. Die Erscheinung des „Don Carlos" war nicht geeignet mich ihm näher zu führen, alle Versuche von Personen, die ihm und mir gleich nahe standen, lehnte ich ab, und so lebten wir eine Zeitlang nebeneinander fort.

Sein Aufsatz über „Anmut und Würde" war eben so wenig ein Mittel mich zu versöhnen. Die Kantische Philosophie, welche das Subjekt so hoch erhebt, indem sie es einzuengen scheint, hatte er mit Freuden in sich aufgenommen; sie entwickelte das Außerordentliche was die Natur in sein Wesen gelegt, und er, im höchsten Gefühl der Freiheit und Selbstbestimmung, war undankbar gegen die große Mutter, die ihn gewiß nicht stiefmütterlich behandelte. Anstatt sie selbständig, lebendig vom Tiefsten bis zum Höchsten gesetzlich hervorbringend zu betrachten, nahm er sie von der Seite einiger empirischen menschlichen Natürlichkeiten. Gewisse harte Stellen sogar konnte ich direkt auf mich deuten, sie zeigten mein Glaubensbekenntnis in einem falschen Lichte; dabei fühlte ich, es sei noch schlimmer, wenn es ohne Beziehung auf mich gesagt worden; denn die ungeheure Kluft zwischen unsern Denkweisen klaffte nur desto entschiedener.

An keine Vereinigung war zu denken. Selbst das milde Zureden eines Dalberg, der Schillern nach Würden zu ehren verstand, blieb fruchtlos, ja meine Gründe, die ich jeder Vereinigung entgegen setzte, waren schwer zu widerlegen. Niemand konnte leugnen, daß zwischen zwei Geistesantipoden mehr als ein Erddiameter die Scheidung mache, da sie denn beiderseits als Pole gelten mögen, aber eben deswegen in eins nicht zusammenfallen können. Daß aber doch ein Bezug unter ihnen stattfinde, erhellt aus folgendem.

Schiller zog nach Jena, wo ich ihn ebenfalls nicht sah. Zu gleicher Zeit hatte Batsch durch unglaubliche Regsamkeit eine naturforschende Gesellschaft in Tätigkeit gesetzt, auf schöne Sammlungen, auf bedeutenden Apparat gegründet. Ihren periodischen Sitzungen wohnte ich gewöhnlich bei; einstmals fand ich Schillern daselbst, wir gingen zufällig beide zugleich heraus, ein Gespräch knüpfte sich an, er schien an dem Vorgetragenen teil zu nehmen, bemerkte aber sehr verständig und einsichtig und mir sehr willkommen, wie eine so zerstückelte Art die Natur zu behandeln, den Laien, der sich gern darauf einließe, keineswegs anmuten könne.

Ich erwiderte darauf: daß sie den Eingeweihten selbst vielleicht unheimlich bleibe, und daß es doch wohl noch eine andere Weise geben könne, die Natur nicht gesondert und vereinzelt vorzunehmen, sondern sie wirkend und lebendig, aus dem Ganzen in die Teile strebend darzustellen. Er wünschte hierüber aufgeklärt zu sein, verbarg aber seine Zweifel nicht; er konnte nicht eingestehen, daß ein solches wie ich behauptete, schon aus der Erfahrung hervorgehe.

Wir gelangten zu seinem Hause, das Gespräch lockte mich hinein; da trug ich die Metamorphose der Pflanzen lebhaft vor, und ließ, mit manchen charakteristischen Federstrichen, eine symbolische Pflanze vor seinen Augen entstehen. Er vernahm und schaute das alles mit großer Teilnahme, mit entschiedener Fassungskraft; als ich aber geendet, schüttelte er den Kopf und sagte: „Das ist keine Erfahrung, das ist eine Idee." Ich stutze, verdrießlich einigermaßen: denn der Punkt, der uns trennte, war dadurch aufs strengste bezeichnet. Die Behauptung aus „Anmut und Würde" fiel mir wieder ein, der alte Groll wollte sich regen, ich nahm mich aber zusammen und versetzte: „Das kann mir sehr lieb sein, daß ich Ideen habe ohne es zu wissen, und sie sogar mit Augen sehe."

Schiller, der viel mehr Lebensklugheit und Lebensart hatte als ich, und mich auch wegen der „Horen", die er herauszugeben im Begriff stand, mehr anzuziehen als abzustoßen gedachte, erwiderte darauf als ein gebildeter Kantianer; und als aus meinem hartnäckigen Realismus mancher Anlaß zu lebhaftem Widerspruch entstand, so war viel gekämpft und dann Stillstand gemacht; keiner von beiden konnte sich für den Sieger halten, beide hielten sich für unüberwindlich. Sätze wie folgender machten mich ganz unglücklich: „Wie kann jemals Erfahrung gegeben werden, die einer Idee angemessen sein sollte? denn darin besteht eben das Eigentümliche der letzteren, daß ihr niemals eine Erfahrung kongruieren könne." Wenn er das für eine Idee hielt, was ich als Erfahrung aussprach, so mußte doch zwischen beiden irgend etwas Vermittelndes, Bezügliches obwalten! Der erste Schritt war jedoch getan, Schillers Anziehungskraft war groß, er hielt alle fest, die sich ihm näherten; ich nahm teil an seinen Absichten und versprach zu den „Horen" manches, was bei mir verborgen lag, herzugeben; seine Gattin, die ich, von ihrer Kindheit auf, zu lieben und zu schätzen gewohnt war, trug das Ihrige bei zu dauerndem Verständnis, alle beiderseitigen Freunde waren froh, und so besiegelten wir, durch den größten, vielleicht nie ganz zu schlichtenden Wettkampf zwischen Objekt und Subjekt, einen Bund, der ununterbrochen gedauert, und für uns und andere manches Gute gewirkt hat.

M 1

Wilhelm von Humboldt: Über den Geschlechtsunterschied und dessen Einfluß auf die organische Natur (1795)

[...] Soll der Mensch zu dem Ideale gelangen, das die Vernunft ihm vorschreibt; so muß der Mann seine natürliche Thätigkeit an ein festes Gesetz binden, das Weib die Gesetzmäßigkeit, welche es seinem Wesen eingeprägt fühlt, durch innre Antriebe mit Thätigkeit beleben. Unterliegt aber das Bemühen der Vernunft hier dem Hang der Natur, so hebt der doppelte Fehler beider Geschlechter sich selbst wieder auf. Mit verschiedenen Eigenschaften versehen und doch unzertrennlich von einander, beschränken sie sich selbst bis auf die Gränze, welche dem Endzweck des Ganzen entspricht.

Die Natur, in ihrem ganzen Umfang betrachtet, ist unveränderlich. Die Thätigkeit ihrer Kräfte rastet nie, und ihre Gesetze verschaffen sich immer gleichen Gehorsam. So unterbricht nichts je weder den Grad, noch die Form ihrer Wirksamkeit. Diese Thätigkeit aber *unveränderlich* zu erhalten findet sie in der gegenseitigen Eigenthümlichkeit beider Geschlechter eine mächtige Stütze. Indeß sie aus dem einen *Rastlosigkeit* schöpft, verbürgt ihr das andre die *Stätigkeit*.

So sind nun zwischen beiden Geschlechtern die Anlagen vertheilt, welche es ihnen möglich machen, dieß unermeßliche Ganze zu bilden. Nur dadurch gelang es der Natur, widersprechende Eigenschaften zu verbinden, und das Endliche dem Unendlichen zu nähern. Denn überall droht angestrengte Thätigkeit dem ruhigen Daseyn, so wie erhaltende Ruhe der regen Energie den Untergang. Darum beseelte die Natur ihre Söhne mit Kraft, Feuer und Lebhaftigkeit, und hauchte ihren Töchtern Haltung, Wärme und Innigkeit ein. Indeß nun die einen ihr Gebiet zu erweitern streben, bereichern es die andern mit sorgsamer Hand innerhalb seiner Gränzen. Denn der ganze Charakter des männlichen Geschlechts ist auf *Energie* gerichtet; dahin zielt seine Kraft, seine zerstörende Heftigkeit, sein Streben nach Außenwirkung, seine Rastlosigkeit. Dagegen geht die Stimmung des weiblichen, seine ausdauernde Stärke, seine Neigung zur Verbindung, sein Hang die Einwirkung zu erwiedern und seine holde Stätigkeit allein auf Erhaltung und *Daseyn*. Mit gemeinschaftlicher Sorgfalt verrichten sie daher die beiden großen Operationen der Natur, die, ewig wiederkehrend, doch so oft in veränderter Gestalt erscheinen, Erzeugung und Ausbildung des Erzeugten. Vergleicht man indeß ihre eigenthümliche Beschaffenheit noch näher mit einander; so hat die Natur die empfangenden Kräfte noch unter genauere Obhut genommen. Sie theilen mit ihr ihre entschiedensten Vorzüge, und, gleich den Töchtern im Hause, schließen sie sich näher an die sorgsame Mutter an. Daseyn, von Energie beseelt, ist *Leben*, und das höchste Leben das letzte Ziel, in dem sich das Streben aller verschiedenen Kräfte der Natur vereint. Die Verschiedenheit beider Geschlechter befördert die Erreichung dieses Ziels, oder vielmehr ihre eigenthümliche Beschaffenheit führt sie zu demselben hin, ohne daß sie selbst sich dessen bewußt sind. Denn keine Kraft der Natur dient als Mittel einem Zweck, oder strebt einer fremden Absicht entgegen. Indem alle harmonisch wirksam sind, folgt jede nur ihrem eigenen Triebe, und das letzte Resultat der Thätigkeit aller geht mit einer Nothwendigkeit hervor, die, da sie alle Absicht ausschließt, auf den ersten Anblick zufällig scheinen kann. In gleicher Freiheit wirken nun auch die Kräfte der beiden Geschlechter, und so kann man dieselben als zwei wohlthätige Gestalten ansehen, aus deren Händen die Natur ihre letzte Vollendung empfängt. Dieser erhabenen Bestimmung genügen sie aber nur dann, wenn sich ihre Wirksamkeit gegenseitig umschlingt, und die Neigung, welche das eine dem anderen sehnsuchtsvoll nähert, ist die *Liebe*. So gehorcht daher die Natur derselben Gottheit, deren Sorgfalt schon der ahnende Weisheitssinn der Griechen die Anordnung des Chaos übertrug.

M2

Friedrich Schiller: Würde der Frauen (1795)

Ehret die Frauen! Sie flechten und weben
himmlische Rosen ins irdische Leben,
flechten der Liebe beglückendes Band,
und in der Grazie züchtigem Schleier
nähren sie wachsam das ewige Feuer
schöner Gefühle mit heiliger Hand.

Ewig aus der Wahrheit Schranken
Schweift des Mannes wilde Kraft,
unstet treiben die Gedanken
auf dem Meer der Leidenschaft.
Gierig greift er in die Ferne,
nimmer wird sein Herz gestillt,
rastlos und entlegne Sterne
jagt er seines Traumes Bild.

Aber mit zaubrisch fesselndem Blicke
winken die Frauen den Flüchtling zurücke,
warnend zurück in der Gegenwart Spur.
In der Mutter bescheidener Hütte
sind sie geblieben mit schamhafter Sitte,
treue Töchter der frommen Natur.

Feindlich ist des Mannes Streben,
mit zermalmender Gewalt
geht der wilde durch das Leben,
ohne Rast und Aufenthalt.
Was er schuf, zerstört er wieder,
nimmer ruht der Wünsche Streit,
nimmer, wie das Haupt der Hyder
ewig fällt und sich erneut.

Aber, zufrieden mit stillerem Ruhme,
brechen die Frauen des Augenblicks Blume.
nähren sie sorgsam mit liebendem Fleiß,
freier in ihrem gebundenen Wirken,
reicher als er in des Wissens Bezirken
und in der Dichtung unendlichem Kreis.

Streng und stolz sich selbst genügend,
kennt des Mannes kalte Brust,
herzlich an ein Herz sich schmiegend,
nicht der Liebe Götterlust,
kennet nicht den Tausch der Seelen,
nicht in Tränen schmilzt er hin,
selbst des Lebens Kämpfe stählen
härter seinen harten Sinn.

Aber wie, leise vom Zephyr erschüttert,
schnell die äolische Harfe erzittert,
also die fühlende Seele der Frau.
Zärtlich geängstigt vom Bilde der Qualen,
wallet der liebende Busen, es strahlen
perlend die Augen von himmlischem Tau.

In der Männer Herrschgebiete
gilt der Stärke trotzig Recht,
mit dem Schwert beweist der Skythe,
und der Perser wird zum Knecht.
Es befehden sich im Grimme
die Begierden wild und roh,
und der Eris rauhe Stimme
waltet, wo die Charis floh.

Aber mit sanft überredender Bitte
führen die Frauen den Zepter der Sitte,
löschen die Zwietracht, die tobend entglüht,
lehren die Kräfte, die feindlich sich hassen,
sich in der lieblichsten Form zu umfassen,
und vereinen, was ewig sich flieht.

Im letzten Aufzug von Goethes Schauspiel „Iphigenie auf Tauris" hat sich die Handlung scheinbar ausweglos zugespitzt: Iphigenie, die auf Tauris entrückte und als Priesterin wirkende Atridentochter, steht vor der Wahl, entweder das Menschenopfer an dem auf die Insel verschlagenen Bruder Orest zu vollziehen oder das Vertrauen des Taurerkönigs Thoas durch die Flucht zusammen mit dem Bruder zu enttäuschen. Im Monolog V, 3 reflektiert und löst sie diese Zwangssituation, indem sie den König durch Wahrhaftigkeit zum Verzicht bewegt:

M3

IPHIGENIE *nach einigem Stillschweigen.*
Hat denn zur unerhörten Tat der Mann
Allein das Recht? Drückt denn Unmögliches
Nur er an die gewaltige Heldenbrust?
Was nennt man groß? was hebt die Seele schaudernd
Dem immer wiederholenden Erzähler?
Als was mit unwahrscheinlichem Erfolg
Der Mutigste begann. Der in der Nacht
Allein das Heer des Feindes überschleicht,
Wie unversehen eine Flamme, wütend
Die Schlafenden, Erwachenden ergreift,
Zuletzt gedrängt von den Ermunterten
Auf Feindes Pferden doch mit Beute kehrt,
Wird der allein gepriesen? der allein,
Der, einen sichern Weg verachtend, kühn
Gebirg und Wälder durchzustreifen geht
Daß er von Räubern eine Gegend säubre.
Ist uns nichts übrig? muß ein zartes Weib
Sich ihres angebornen Rechts entäußern,
Wild gegen Wilde sein, wie Amazonen
Das Recht des Schwerts euch rauben und mit Blute
Die Unterdrückung rächen? Auf und ab
Steigt in der Brust ein kühnes Unternehmen:
Ich werde großem Vorwurf nicht entgehn
Noch schwerem Übel, wenn es mir mißlingt;
Allein euch leg ich's auf die Kniee! Wenn
Ihr wahrhaft seid, wie ihr gepriesen werdet;
So zeigt's durch euern Beistand und verherrlicht
Durch mich die Wahrheit – Ja vernimm, o König,
Es wird ein heimlicher Betrug geschmiedet,
Vergebens fragst du den Gefangnen nach,
Sie sind hinweg und suchen ihre Freunde,
Die mit dem Schiff am Ufer warten, auf.
Der ältste den das Übel hier ergriffen
Und nun verlassen hat – es ist Orest,
Mein Bruder, und der andre sein Vertrauter,
Sein Jugendfreund mit Namen Pylades,
Apoll schickt sie von Delphi diesem Ufer
Mit göttlichen Befehlen zu, das Bild
Dianens wegzurauben und zu ihm
Die Schwester hinzubringen und dafür
Verspricht er dem von Furien Verfolgten,
Des Mutterblutes Schuldigen, Befreiung.
Uns beide hab ich nun die Überbliebnen
Von Tantals Haus in deine Hand gelegt,
Verdirb uns – wenn du darfst.

M1

J. W. von Goethe: Dauer im Wechsel (1803)

Hielte diesen frühen Segen,
Ach, nur eine Stunde fest!
Aber vollen Blütenregen
Schüttelt schon der laue West.
Soll ich mich des Grünen freuen,
Dem ich Schatten erst verdankt?
Bald wird Sturm auch das zerstreuen,
Wenn es falb im Herbst geschwankt.

Willst du nach den Früchten greifen,
Eilig nimm dein Teil davon!
Diese fangen an zu reifen,
Und die andern keimen schon;
Gleich mit jedem Regengusse
Ändert sich dein holdes Tal,
Ach, und in demselben Flusse
Schwimmst du nicht zum zweitenmal.

Du nun selbst! Was felsenfeste
Sich vor dir hervorgetan,
Mauern siehst du, siehst Paläste
Stets mit andern Augen an.
Weggeschwunden ist die Lippe,
Die im Kusse sonst genas,
Jener Fuß, der an der Klippe
Sich mit Gemsenfreche maß.

Jene Hand, die gern und milde
Sich bewegte wohlzutun,
Das gegliederte Gebilde,
Alles ist ein andres nun.
Und was sich an jener Stelle
Nun mit deinem Namen nennt,
Kam herbei wie eine Welle,
Und so eilt's zum Element.

Laß den Anfang mit dem Ende
Sich in *eins* zusammenziehn!
Schneller als die Gegenstände
Selber dich vorüberfliehn.
Danke, daß die Gunst der Musen
Unvergängliches verheißt,
Den Gehalt in deinem Busen
Und die Form in deinem Geist.

M2

Friedrich Schiller: An die Freunde (1803)

Lieben Freunde! Es gab schönre Zeiten
Als die unsern – das ist nicht zu streiten!
Und ein edler Volk hat einst gelebt.
Könnte die Geschichte davon schweigen,
Tausend Steine würden redend zeugen,
Die man aus dem Schoß der Erde gräbt.
Doch es ist dahin, es ist verschwunden,
Dieses hochbegünstigte Geschlecht.
Wir, wir *leben*! Unser sind die Stunden,
Und der Lebende hat recht.

Freunde! Es gibt glücklichere Zonen
Als das Land, worin wir leidlich wohnen,
Wie der weitgereiste Wandrer spricht.
Aber hat *Natur* uns viel entzogen,
War die *Kunst* uns freundlich doch gewogen,
Unser Herz erwarmt an *ihrem* Licht.
Will der Lorbeer hier sich nicht gewöhnen,
Wird die Myrte unsers Winters Raub,
Grünet doch, die Schläfe zu bekrönen,
Uns der Rebe muntres Laub.

Wohl von größerm Leben mag es rauschen,
Wo vier Welten ihre Schätze tauschen,
An der Themse, auf dem Markt der Welt.
Tausend Schiffe landen an und gehen,
Da ist jedes Köstliche zu sehen,
Und es herrscht der Erde Gott, das Geld.
Aber nicht im trüben Schlamm der Bäche,
Der von wilden Regengüssen schwillt,
Auf des stillen Baches ebner Fläche
Spiegelt sich das Sonnenbild.

Prächtiger als *wir* in unserm Norden
Wohnt der Bettler an der Engelspforten,
Denn er sieht das ewig einzge Rom!
Ihn umgibt der Schönheit Glanzgewimmel,
Und ein zweiter Himmel in den Himmel
Steigt Sankt Peters wunderbarer Dom.
Aber Rom in allem seinem Glanze
Ist ein Grab nur der Vergangenheit,
Leben duftet nur die frische Pflanze,
Die die grüne Stunde streut.

Größres mag sich anderswo begeben,
Als bei uns in unserm kleinen Leben,
Neues – hat die Sonne nie gesehn.
Sehn wir doch das Große *aller* Zeiten
Auf den Brettern, die die Welt bedeuten,
Sinnvoll, still an uns vorübergehn.
Alles wiederholt sich nur im Leben,
Ewig jung ist nur die Phantasie,
Was sich nie und nirgends hat begeben,
Das allein veraltet nie!

M 1

J. W. v. Goethe: Natur und Kunst (1802)

Natur und Kunst, sie scheinen sich zu fliehen
Und haben sich, eh' man es denkt, gefunden;
Der Widerwille ist auch mir verschwunden,
Und beide scheinen gleich mich anzuziehen.

Es gilt wohl nur ein redliches Bemühen!
Und wenn wir erst in abgemeßnen Stunden
Mit Geist und Fleiß uns an die Kunst gebunden,
Mag frei Natur im Herzen wieder glühen.

So ist's mit aller Bildung auch beschaffen:
Vergebens werden ungebundne Geister
Nach der Vollendung reiner Höhe streben.

Wer Großes will, muß sich zusammenraffen;
In der Beschränkung zeigt sich erst der Meister,
Und das Gesetz nur kann uns Freiheit geben.

M 2

J. W. v. Goethe: Einfache Nachahmung der Natur, Manier, Stil

Es scheint nicht überflüssig zu sein, genau anzuzeigen, was wir uns bei diesen Worten denken, welche wir öfters brauchen werden. Denn wenn man sich gleich auch derselben schon lange in Schriften bedient, wenn sie gleich durch theoretische Werke bestimmt zu sein scheinen, so braucht denn doch jeder sie meistens in einem eigenen Sinne und denkt sich mehr oder weniger dabei, je schärfer oder schwächer er den Begriff gefaßt hat, der dadurch ausgedrückt werden soll.

Einfache Nachahmung der Natur

Wenn ein Künstler, bei dem man das natürliche Talent voraussetzen muß, in der frühesten Zeit, nachdem er nur einigermaßen Auge und Hand an Mustern geübt, sich an die Gegenstände der Natur wendete, mit Treue und Fleiß ihre Gestalten, ihre Farben auf das genaueste nachahmte, sich gewissenhaft niemals von ihr entfernte, jedes Gemälde, das er zu fertigen hätte, wieder in ihrer Gegenwart anfinge und vollendete, ein solcher würde immer ein schätzenswerter Künstler sein; denn es könnte ihm nicht fehlen, daß er in einem unglaublichen Grade wahr würde, daß seine Arbeiten sicher, kräftig und reich sein müßten.

Wenn man diese Bedingungen genau überlegt, so sieht man leicht, daß eine zwar fähige, aber beschränkte Natur angenehme, aber beschränkte Gegenstände auf diese Weise behandeln könne.

Solche Gegenstände müssen leicht und immer zu haben sein; sie müssen bequem gesehen und ruhig nachgebildet werden können; das Gemüt, das sich mit einer solchen Arbeit beschäftigt, muß still, in sich gekehrt und in einem mäßigen Genuß genügsam sein.

Diese Art der Nachbildung würde also bei sogenannten toten oder stilliegenden Gegenständen von ruhigen, treuen, eingeschränkten Menschen in Ausübung gebracht werden. Sie schließt ihrer Natur nach eine hohe Vollkommenheit nicht aus.

Manier

Allein gewöhnlich wird dem Menschen eine solche Art, zu verfahren, zu ängstlich oder nicht hinreichend. Er sieht eine Übereinstimmung vieler Gegenstände, die er nur in ein Bild bringen kann, indem er das Einzelne aufopfert; es verdrießt ihn, der Natur ihre Buchstaben im Zeichnen nur gleichsam nachzubuchstabieren; er erfindet sich selbst eine Weise, macht sich selbst eine Sprache, um das, was er mit der Seele ergriffen, wieder nach seiner Art auszudrücken, einem Gegenstande, den er öfters wiederholt hat, eine eigne bezeichnende Form zu geben, ohne, wenn er ihn wiederholt, die Natur selbst vor sich zu haben, noch auch sich geradezu ihrer ganz lebhaft zu erinnern.

Nun wird es eine Sprache, in welcher sich der Geist des Sprechenden unmittelbar ausdrückt und bezeichnet. Und wie die Meinungen über sittliche Gegenstände sich in der Seele eines jeden, der selbst denkt, anders reihen und gestalten, so wird auch jeder Künstler dieser Art die Welt anders sehen, ergreifen und nachbilden, er wird ihre Erscheinungen bedächtiger oder leichter fassen, er wird sie gesetzter oder flüchtiger wieder hervorbringen. Wir sehen, daß diese Art der Nachahmung am geschicktesten bei Gegenständen angewendet wird, welche in einem großen Ganzen viele kleine subordinierte Gegenstände enthalten. Diese letztere müssen aufgeopfert werden, wenn der allgemeine Ausdruck des großen Gegenstandes erreicht werden soll, wie zum Exempel bei Landschaften der Fall ist, wo man ganz die Absicht verfehlen würde, wenn man sich ängstlich beim Einzelnen aufhalten und den Begriff des Ganzen nicht vielmehr festhalten wollte.

Stil

Gelangt die Kunst durch Nachahmung der Natur, durch Bemühung, sich eine allgemeine Sprache zu machen, durch genaues und tiefes Studium der Gegenstände selbst endlich dahin, daß sie die Eigenschaften der Dinge und die Art, wie sie bestehen, genau und immer genauer kennen lernt, daß sie die Reihe der Gestalten übersieht und die verschiedenen charakteristischen Formen nebeneinander zu stellen und nachzuahmen weiß, dann wird der *Stil* der höchste Grad, wohin sie gelangen kann; der Grad, wo sie sich den höchsten menschlichen Bemühungen gleichstellen darf.

Wie die einfache Nachahmung auf dem ruhigen Dasein und einer liebevollen Gegenwart beruhet, die Manier eine Erscheinung mit einem leichten, fähigen Gemüt ergreift, so ruht der *Stil* auf den tiefsten Grundfesten der Erkenntnis, auf dem Wesen der Dinge, insofern uns erlaubt ist, es in sichtbaren und greiflichen Gestalten zu erkennen. [...]

Schiller plante 1792 eine Schrift „Kallias oder über die Schönheit", deren Gedanken er in Briefen an seinen Freund Gottfried Körner im Folgejahr entwickelte. In diesen Briefen, die erst 1847 veröffentlicht wurden, entwickelt Schiller seine Auffassung des Schönen als „Freiheit in der Erscheinung", Grundlage seiner klassischen Ästhetik.

M 3

Friedrich Schiller: Kallias oder über die Schönheit

Kant stellt in seiner „Kritik der Urteilskraft", pag. 177, einen Satz auf, der von ungemeiner Fruchtbarkeit ist und der, wie ich denke, erst aus meiner Theorie seine Erklärung erhalten kann. Natur, sagt er, ist schön, wenn sie aussieht wie Kunst; Kunst ist schön, wenn sie aussieht wie Natur. Dieser Satz macht also die Technik zu einem wesentlichen Requisit des Naturschönen und die Freiheit zur wesentlichen Bedingung des Kunstschönen. Da aber das Kunstschöne schon an sich selbst die Idee der Technik das Naturschöne die Idee der Freiheit mit einschließt, so gesteht also Kant selbst ein, daß Schönheit nichts anderes als Natur in der Technik, Freiheit in der Kunstmäßigkeit sei.

Wir müssen *erstlich* wissen, daß das schöne Ding ein Naturding ist, d. i. daß es durch sich selbst ist; *zweitens* muß es uns vorkommen, als ob es durch eine Regel wäre, denn er sagt ja, es muß aussehen wie Kunst. Beide Vorstellungen: *es ist durch sich selbst*, und *es ist durch eine Regel*, lassen sich aber nur auf eine einzige Art vereinigen, nämlich wenn man sagt: *es ist durch eine Regel, die es sich selbst gegeben hat.* Autonomie in der Technik, Freiheit in der Kunstmäßigkeit.

[…]

Das Vollkommene, dargestellt mit Freiheit, wird sogleich in das Schöne verwandelt. Es wird aber mit Freiheit dargestellt, wenn die Natur des Dinges mit seiner Technik zusammenstimmend erscheint, wenn es aussieht, als wenn diese aus dem Dinge selbst freiwillig hervorgeflossen wäre. Man kann das Bisherige auch kurz so ausdrücken: Vollkommen ist ein Gegenstand, wenn alles Mannigfaltige an ihm zur Einheit seines Begriffs übereinstimmt; schön ist er, wenn seine Vollkommenheit als Natur erscheint. Die Schönheit wächst, wenn die Vollkommenheit zusammengesetzt wird und die Natur dabei nichts leidet; denn die Aufgabe der Freiheit wird mit der zunehmenden Menge des Verbundenen schwüriger und ihre glückliche Auflösung eben darum überraschender.

[…]

Warum wird die Schlangenlinie für die schönste gehalten. Ich habe an dieser einfachsten aller ästhetischen Aufgaben meine Theorie besonders geprüft, und ich halte diese Probe darum für entscheidend, weil bei dieser einfachen Aufgabe keine Täuschung durch Nebenursachen stattfinden kann.

Eine Schlangenlinie, kann der Baumgartenianer sagen, ist darum die schönste, weil sie sinnlich vollkommen ist. Es ist eine Linie, die ihre Richtung immer abändert (Mannigfaltigkeit) und immer wieder zu derselben Richtung zurückkehrt (Einheit). Wäre sie aber aus keinem bessern Grunde schön, so müßte es folgende Linie auch sein:

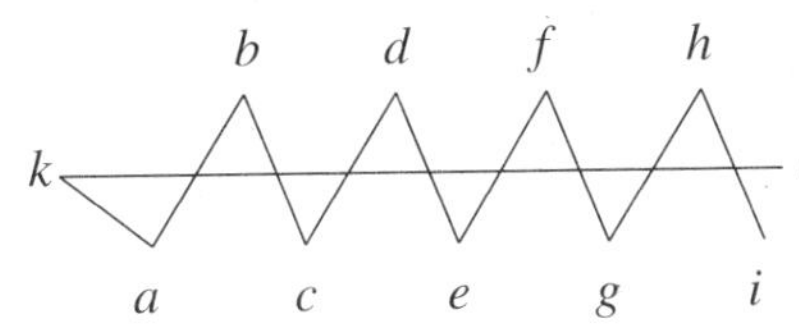

welche gewiß nicht schön ist. Auch hier ist Veränderung der Richtung; ein Mannigfaltiges, nämlich *a, b, c, d, e, f, g, h, i*; und Einheit der Richtung ist auch da, welche der Verstand hineindenkt und die durch die Linie *k l* vorgestellt ist. Diese Linie ist nicht schön, ob sie gleich sinnlich vollkommen ist.

Folgende Linie aber ist eine schöne Linie, oder könnte es doch sein, wenn meine Feder besser wäre.

Nun ist der ganze Unterschied zwischen dieser zweiten und jener bloß der, daß jene ihre Richtung ex abrupto, diese aber unmerklich verändert; der Unterschied ihrer Wirkungen auf das ästhetische Gefühl muß also in diesem einzig bemerkbaren Unterschied ihrer Eigenschaften gegründet sein. Was ist aber eine plötzlich veränderte Richtung anderes als eine gewaltsam veränderte? Die Natur liebt keinen Sprung. Sehen wir sie einen tun, so zeigt es, daß ihr Gewalt geschehen ist. Freiwillig hingegen erscheint nur diejenige Bewegung, an der man keinen bestimmten Punkt angeben kann, bei dem sie ihre Richtung abänderte. Und dies ist der Fall mit der Schlangenlinie, welche sich von der oben abgebildeten bloß durch ihre *Freiheit* unterscheidet.

Erläuterungen
Kallias: Ableitung v. griech. Kállos (Schönheit)
Baumgartenianer: Anhänger des Ästhetikers A. G. Baumgarten (1714–1762)

Auszüge aus dem Brief vom 23. Februar 1793 an Körner

M 1

J. W. v. Goethe: Natur idealisch vorstellen

§ 34.

Über diesen Teil der Schauspielkunst lassen sich gleichfalls einige allgemeine Hauptregeln geben, wobei es freilich unendlich viele Ausnahmen gibt, welche aber alle wieder zu den Grundregeln zurückkehren. Diese trachte man sich so sehr einzuverleiben, daß sie zur zweiten Natur werden.

§ 35.

Zunächst bedenke der Schauspieler, daß er nicht allein die Natur nachahmen, sondern sie auch idealisch vorstellen solle und er also in seiner Darstellung das Wahre mit dem Schönen zu vereinigen habe.

§ 36.

Jeder Teil des Körpers steht daher ganz in seiner Gewalt, so daß er jedes Glied gemäß dem zu erzielenden Ausdruck frei, harmonisch und mit Grazie gebrauchen könne.

§ 37.

Die Haltung des Körpers sei gerade, die Brust herausgekehrt, die obere Hälfte der Arme bis an die Ellbogen etwas an den Leib geschlossen, der Kopf ein wenig gegen den gewendet, mit dem man spricht, jedoch nur so wenig, daß immer drei Viertel vom Gesicht gegen die Zuschauer gewendet ist.

§ 38.

Denn der Schauspieler muß stets bedenken, daß er um des Publikums willen da ist.

§ 39.

Sie sollen daher auch nicht aus mißverstandener Natürlichkeit untereinander spielen, als wenn kein Dritter dabei wäre; sie sollen nie im Profil spielen, noch den Zuschauern den Rücken zuwenden. Geschieht es um des Charakteristischen oder um der Notwendigkeit willen, so geschehe es mit Vorsicht und Anmut.

§ 40.

Auch merke man vorzüglich, nie ins Theater hineinzusprechen, sondern immer gegen das Publikum. Denn der Schauspieler muß sich immer zwischen zwei Gegenständen teilen: nämlich zwischen dem Gegenstande, mit dem er spricht, und zwischen seinen Zuhörern. Statt mit dem Kopfe sich gleich ganz umzuwenden, lasse man mehr die Augen spielen.

§ 41.

Ein Hauptpunkt aber ist, daß unter zwei zusammen Agierenden der Sprechende sich stets zurück- und der, welcher zu reden aufhört, sich ein wenig vorbewege. Bedient man sich dieses Vorteils mit Verstand und weiß durch Übung ganz zwanglos zu verfahren, so entsteht sowohl für das Auge als für die Verständlichkeit der Deklamation die beste Wirkung, und ein Schauspieler, der sich Meister hierin macht wird mit Gleichgeübten sehr schönen Effekt hervorbringen und über diejenigen, die es nicht beobachten, sehr im Vorteil sein.

§ 42.

Wenn zwei Personen mit einander sprechen, sollte diejenige, die zur Linken steht, sich ja hüten, gegen die Person zur Rechten allzu stark einzudringen. Auf der rechten Seite steht immer die geachtete Person: Frauenzimmer, Ältere, Vornehmere. Schon im gemeinen Leben hält man sich in einiger Entfernung von dem, vor dem man Respekt hat; das Gegenteil zeugt von einem Mangel an Bildung. Der Schauspieler soll sich als einen Gebildeten zeigen und obiges deshalb auf das genaueste beobachten. Wer auf der rechten Seite steht, behaupte daher sein Recht und lasse sich nicht gegen die Kulisse treiben, sondern halte stand und gebe dem Zudringlichen allenfalls mit der linken Hand ein Zeichen, sich zu entfernen.

§ 43.

Eine schöne nachdenkende Stellung, z. B. für einen jungen Mann, ist diese, wenn ich, die Brust und den ganzen Körper gerade herausgekehrt, in der vierten Tanzstellung verbleibe, meinen Kopf etwas auf die Seite neige, mit den Augen auf die Erde starre und beide Arme hängen lasse.

J. W. Goethe: Stellung und Bewegung des Körpers auf der Körpers auf der Bühne; Regeln für Schauspieler, 1803; § 34–43

M 2

Theresa Bandettini-Landucci (1794)

Angelika Kauffmann (1741–1807), © Institut für Kunstwissenschaft, Zürich

M3

Esther Charlotte Brandes als Ariadne (um 1780)

H. Sintzenich, © bpk, Berlin

M4

Henriette Hendel: Verklärung

M5

Lady Hamilton als Iphigenie

F. Rehberg

M 1

Höchst mannigfaltiges Leben

Das Gespräch wendete sich auf den ‚Tasso', und welche Idee Goethe darin zur Anschauung zu bringen gesucht.
„Idee?" sagte Goethe – „das ich nicht wüßte! Ich hatte das Leben Tassos, ich hatte mein eigenes Leben, und indem ich zwei so wunderliche Figuren mit ihren Eigenheiten zusammenwarf, entstand mir das Bild des Tasso, dem ich als prosaischen Kontrast den Antonio entgegenstellte, wozu es mir auch nicht an Vorbildern fehlte. Die weitern Hof-, Lebens- und Liebesverhältnisse waren übrigens in Weimar wie in Ferrara, und ich kann mit Recht von meiner Darstellung sagen: sie ist Bein von meinem Bein und Fleisch von meinem Fleisch."
„Die Deutschen sind übrigens wunderliche Leute! Sie machen sich durch ihre tiefen Gedanken und Ideen, die sie überall suchen und überall hineinlegen, das Leben schwerer als billig. Ei, so habt doch endlich einmal die Courage, euch den Eindrücken hinzugeben, euch ergötzen zu lassen, euch rühren zu lassen, euch erheben zu lassen, ja euch belehren und zu etwas Großem entflammen und ermutigen zu lassen; aber denkt nur nicht immer, es wäre alles eitel, wenn es nicht irgend abstrakter Gedanke und Idee wäre!"
„Da kommen sie und fragen, welche Idee ich in meinem ‚Faust' zu verkörpern gesucht. Als ob ich das selber wüßte und aussprechen könnte! Vom Himmel durch die Welt zur Hölle, das wäre zur Not etwas; aber das ist keine Idee, sondern Gang der Handlung. Und ferner, daß der Teufel die Wette verliert, und daß ein aus schweren Verirrungen immerfort zum Bessern aufstrebender Mensch zu erlösen sei, das ist zwar ein wirksamer, manches erklärender guter Gedanke, aber es ist keine Idee, die dem Ganzen und jeder einzelnen Szene im besondern zugrunde liege. Es hätte auch in der Tat ein schönes Ding werden müssen, wenn ich ein so reiches, buntes und so höchst mannigfaltiges Leben, wie es im ‚Faust' zur Anschauung gebracht, auf die magere Schnur einer einzigen durchgehenden Idee hätte reihen wollen!"
„Es war im ganzen", fuhr Goethe fort, „nicht meine Art, als Poet nach Verkörperung von etwas Abstraktem zu streben. Ich empfing in meinem Innern Eindrücke, und zwar Eindrücke sinnlicher, lebensfroher, lieblicher, bunter, hundertfältiger Art, wie eine rege Einbildungskraft es mir darbot; und ich hatte als Poet weiter nichts zu tun, als solche Anschauungen und Eindrücke in mir künstlerisch zu runden und auszubilden und durch eine lebendige Darstellung so zum Vorschein zu bringen, daß andere dieselbigen Eindrücke erhielten, wenn sie mein Dargestelltes hörten oder lasen."
„Wollte ich jedoch einmal als Poet irgend eine Idee darstellen, so tat ich es in kleinen Gedichten, wo eine entschiedene Einheit herrschen konnte und welches zu übersehen war, wie z. B. ‚Die Metamorphose der Tiere', die ‚der Pflanzen', das Gedicht ‚Vermächtnis' und viele andere. Das einzige Produkt von größerm Umfang, wo ich mir bewußt bin nach Darstellung einer durchgreifenden Idee gearbeitet zu haben, wären etwa meine ‚Wahlverwandtschaften'. Der Roman ist dadurch für den Verstand faßlich geworden; aber ich will nicht sagen, daß er dadurch besser geworden wäre! Vielmehr bin ich der Meinung: je inkommensurabler und für den Verstand unfaßlicher eine poetische Produktion, desto besser."

J. W. von Goethe zu J. P. Eckermann, 6. Mai 1827, S. 121–123

M 2

Kreis der Menschheit

Wollte man das Objekt des ganzen Gedichts mit wenig Worten aussprechen, so würde es sein: die Darstellung einer phantastischen Existenz, welche, durch ein außerordentliches Individuum und unter Vergünstigung eines außerordentlichen Zeitmoments, unnatürlich und augenblicklich gegründet wird, aber, durch ihren notwendigen Widerspruch mit der gemeinen Wirklichkeit des Lebens und mit der Rechtlichkeit der menschlichen Natur, scheitert und samt allem, was an ihr befestigt ist zugrundegeht. Der Dichter hatte also zwei Gegenstände darzustellen, die miteinander im Streit erscheinen: den *phantastischen Geist*, der von der einen Seite an das Große und Idealische, von der andern an den Wahnsinn und das Verbrechen grenzt, und das *gemeine wirkliche Leben*, welches von der einen Seite sich an das Sittliche und Verständige anschließt, von der andern dem Kleinen, dem Niedrigen und Verächtlichen sich nähert. In die Mitte zwischen beiden, als eine ideale, phantastische und zugleich sittliche Erscheinung, stellt er uns die Liebe, und so hat er in seinem Gemälde einen gewissen Kreis der Menschheit vollendet.

J. W. v. Goethe: Die Piccolomini, 1799, S. 8f.

M 3

Summe alles Menschendaseins

Brief Humboldts an Schiller vom September 1800 (Auszüge)

Solche Massen hat noch niemand in Bewegung gesetzt; einen so vielumfassenden Stoff noch niemand gewählt; eine Handlung, deren Triebfedern und Folgen, gleich den Wurzeln und Zweigen eines ungeheuren Stamms, so weit verbreitet und so vielfach gestaltet zerstreut liegen, niemand in einer Tragödie dargestellt. Sie haben Wallensteins Familie zu einem Haus der Atriden gemacht, wo das Schicksal haust, wo die Bewohner vertrieben sind; aber wo der Betrachter gern und lang an der verödeten Stätte verweilt. Noch kein Kunstwerk hat mich in eine so neue und so consequent zusammenhängende Welt versetzt; keine Gestalten haben mich bisher so bestürmt und verfolgt.

[...]

Nichts kann eigentlich so zerreißend seyn, als der Ausgang Ihres Stücks. Dennoch fühlt sich das Gemüth zuletzt in völliger Harmonie und ausgesöhnt mit dem Schicksal und der Menschheit. Max und Thekla sind der Empfindung gefolgt, der sie ihr Leben anvertraut hatten; das Einzige, was ihnen, und an ihnen uns werth war, ist auf ewig durch ihren Tod gesichert und geborgen. Wallenstein konnte nicht still stehn und nicht zurückgehn. Ein so gewaltiges Fortstreben der Kräfte mußte fortrollen, bis es zerschellte. Das, was siegend hinter ihm zurückbleibt, kann freilich nur Misbilligung, sogar Verachtung bei uns finden, aber es verbinden sich auch schöne und wohlthätige Ideen damit. Wallenstein war eine so fürchterliche, so gewaltsame Erscheinung, daß die Hofnung friedlicher Ruhe unmittelbar mit seinem Fall eintritt. Die furchtbarste Idee Ihrer ganzen Dichtung, und die ihr zu einem Schauder erregenden Hintergrunde dient, die Uebermacht der Heere, die nicht bloß dieser oder jener Provinz, sondern allem ruhigen Bürger-Daseyn einen endelosen Krieg ankündigt, sinkt mit ihrem Schöpfer dahin. Ein gewaltig übergetretener Strom kehrt in sein Bett zurück, Saaten können wieder grünen, Völker wieder glücklich seyn.

Das ist gerade so groß, daß die Summe alles Menschendaseyns sich in Ihren Stücken so klar und kurz zusammenzieht. Die innere und reine Menschengröße, die sich einer Idee hingiebt, und lieber untergeht, als sie verläßt auf der einen Seite; auf der andern die näher dem Boden verwandte, beschränktere Gemüthsstimmung, die, leichter befriedigte Wünsche nährend, Ruhe, Zufriedenheit und äußeres Glück sucht, und die Sie sehr zweckmäßig nur in Massen, und nicht unmittelbar, sondern nur in dem Contrast der ihr Zerstörung drohenden Kriegsmacht, und in den weisen Reden Octavios und den begeisterten Schilderungen seines Sohnes dargestellt haben. Dieser beschränkteren Stimmung widerspricht jene Größe nicht. Max und Thekla können ebensowohl auf Erden glücklich seyn, als der Erde entbehren. Nicht also Wallenstein, denn sein Geist nimmt keine rein menschliche Richtung. Er begnügt sich nicht an den Gütern, die niemandes Eigenthum sind, und will die nicht theilen, die wenn sie einer besitzt, der andre entbehren muß. Er zählt sich (wie er selbst in den Piccolomini's sagt) den hellgebohrnen Joviskindern zu, und gehört doch (wie er Max nicht abläugnet) der Erde an. Wer, wo und wie es geschehen mag, die Sphären verwechselt, der kann keine gränzenlose Bahn verfolgen, sondern muß früh oder spät untergehen.

[...]

Jede Dichtung bildet auf einem gewissen Grade der Höhe einen vollendeten Kreis um sich. Die Dichtung der Alten, und die doch gleich originelle Göthe's thun es nach und nach; sie erweitern sich vom Mittelpunkt aus, der Gegenstand wirkt in die Ferne, die Ferne auf ihn zurück. Sie folgen pfeilgerade Einer Richtung, und erst dann schlägt sich der Kreis um den Leser, wann derselbe in dieser Richtung plötzlich angehalten, und durch diese Stockung sich selbst wiedergegeben wird. – So ist es offenbar im Wallenstein. Ehe Wallenstein fällt, reißt nur Er uns fort: ist er gefallen, so wendet sich der Blick zurück und zur Seite, die mannigfaltigen Bahnen der Menschheit, wohin ihr innres Streben sie reißt, wohin ihr äußeres Glück sie einladet – liegen offen da.

Neue Briefe W. v. Humboldts an Schiller, S. 258 f, 263 ff., 276

M 1

J. W. v. Goethe: Wilhelm Meisters Lehrjahre, VII. Buch, 9. Kapitel (Auszug)

Eines Abends sagte Jarno zu ihm: Wir können Sie nun so sicher als den Unsern ansehen, daß es unbillig wäre, wenn wir Sie nicht tiefer in unsere Geheimnisse einführten. Es ist gut, daß der Mensch, der erst in die Welt tritt, viel von sich halte, daß er sich viele Vorzüge zu erwerben denke, daß er alles möglich zu machen suche; aber wenn seine Bildung auf einem gewissen Grade steht, dann ist es vorteilhaft, wenn er sich in einer größern Masse verlieren lernt, wenn er lernt, um anderer willen zu leben und seiner selbst in einer pflichtmäßigen Tätigkeit zu vergessen. Da lernt er erst sich selbst kennen, denn das Handeln eigentlich vergleicht uns mit andern. Sie sollen bald erfahren, welch eine kleine Welt sich in Ihrer Nähe befindet, und wie gut Sie in dieser kleinen Welt gekannt sind; morgen früh vor Sonnenaufgang, sei'n Sie angezogen und bereit!
Jarno kam zur bestimmten Stunde und führte ihn durch bekannte und unbekannte Zimmer des Schlosses, dann durch einige Galerien, und sie gelangten endlich vor eine große alte Türe, die stark mit Eisen beschlagen war. Jarno pochte, die Türe tat sich ein wenig auf, so daß eben ein Mensch hineinschlüpfen konnte. Jarno schob Wilhelmen hinein, ohne ihm zu folgen. Dieser fand sich in einem dunklen und engen Behältnisse, es war finster um ihn, und als er einen Schritt vorwärts gehen wollte, stieß er schon wider. Eine nicht ganz unbekannte Stimme rief ihm zu: Tritt herein! und nun bemerkte er erst, daß die Seiten des Raums, in dem er sich befand, nur mit Teppichen behangen waren, durch welche ein schwaches Licht hindurchschimmerte. Tritt herein! rief es nochmals; er hob den Teppich auf und trat hinein.

Der Saal, in dem er sich nunmehr befand, schien ehemals eine Kapelle gewesen zu sein; anstatt des Altars stand ein großer Tisch auf einigen Stufen, mit einem grünen Teppich behangen, darüber schien ein zugezogener Vorhang ein Gemälde zu bedecken; an den Seiten waren schön gearbeitete Schränke, mit feinen Drahtgittern verschlossen, wie man sie in Bibliotheken zu sehen pflegt, nur sah er anstatt der Bücher viele Rollen aufgestellt. Niemand befand sich in dem Saal; die aufgehende Sonne fiel durch die farbigen Fenster Wilhelmen grade entgegen und begrüßte ihn freundlich.
Setze dich! rief eine Stimme, die von dem Altare her zu tönen schien. Wilhelm setzte sich auf einen kleinen Armstuhl, der wider den Verschlag des Eingangs stand; es war kein anderer Sitz im ganzen Zimmer, er mußte sich darein ergeben, ob ihn schon die Morgensonne blendete; der Sessel stand fest, er konnte nur die Hand vor die Augen halten.
Indem eröffnete sich, mit einem kleinen Geräusche, der Vorhang über dem Altar und zeigte, innerhalb eines Rahmens, eine leere, dunkle Öffnung. Es trat ein Mann hervor in gewöhnlicher Kleidung, der ihn begrüßte und zu ihm sagte: Sollten Sie mich nicht wieder erkennen? Sollten Sie, unter andern Dingen, die Sie wissen möchten, nicht auch zu erfahren wünschen, wo die Kunstsammlung Ihres Großvaters sich gegenwärtig befindet? Erinnern Sie sich des Gemäldes nicht mehr, das Ihnen so reizend war? Wo mag der kranke Königssohn wohl jetzo schmachten? – Wilhelm erkannte leicht den Fremden, der in jener bedeutenden Nacht sich mit ihm im Gasthause unterhalten hatte. Vielleicht, fuhr dieser fort, können wir jetzt über Schicksal und Charakter eher einig werden!
Wilhelm wollte eben antworten, als der Vorhang sich wieder rasch zusammenzog. Sonderbar! sagte er bei sich selbst, sollten zufällige Ereignisse einen Zusammenhang haben? Und das, was wir Schicksal nennen, sollte es bloß Zufall sein? Wo mag sich meines Großvaters Sammlung befinden, und warum erinnert man mich in diesen feierlichen Augenblicken daran?
Er hatte nicht Zeit, weiter zu denken; denn der Vorhang öffnete sich wieder, und ein Mann stand vor seinen Augen, den er sogleich für den Landgeistlichen erkannte, der mit ihm und der lustigen Gesellschaft jene Wasserfahrt gemacht hatte; er glich dem Abbé, ob er gleich nicht dieselbe Person schien. Mit einem heitern Gesichte und einem würdigen Ausdruck fing der Mann an: Nicht vor Irrtum zu bewahren, ist die Pflicht des Menschenerziehers, sondern den Irrenden zu leiten, ja ihn seinen Irrtum aus vollen Bechern ausschlürfen zu lassen, das ist Weisheit der Lehrer. Wer seinen Irrtum nur kostet, hält lange damit Haus, er freuet sich dessen als eines seltenen Glücks; aber wer ihn ganz erschöpft, der muß ihn kennen lernen, wenn er nicht wahnsinnig ist. – Der Vorhang schloß sich abermals, und Wilhelm hatte Zeit nachzudenken. Von welchem Irrtum kann der Mann sprechen? sagte er zu sich selbst, als von dem, der mich mein ganzes Leben verfolgt hat; daß ich da Bildung suchte, wo keine zu finden war, daß ich mir einbildete, ein Talent erwerben zu können, zu dem ich nicht die geringste Anlage hatte.
Der Vorhang riß sich schneller auf, ein Offizier trat hervor und sagte nur im Vorbeigehen: Lernen Sie die Menschen kennen, zu denen man Zutrauen haben kann! – Der Vorhang schloß sich, und Wilhelm brauchte sich nicht lange zu besinnen, um diesen Offizier für denjenigen zu erkennen, der ihn in des Grafen Park umarmt hatte und schuld gewesen war, daß er Jarno für einen Werber hielt. Wie dieser hierher gekommen und wer er sei, war Wilhelmen völlig ein Rätsel. – Wenn so viele Menschen an dir teilnahmen, deinen Lebensweg kannten und wußten, was darauf zu tun sei, warum führten sie dich nicht strenger, warum nicht ernster? Warum begünstigten sie deine Spiele, anstatt dich davon wegzuführen?

Rechte nicht mit uns! rief eine Stimme: Du bist gerettet und auf dem Wege zum Ziel. Du wirst keine deiner Torheiten bereuen und keine zurückwünschen, kein glücklicheres Schicksal kann einem Menschen werden. – Der Vorhang riß sich voneinander, und in voller Rüstung stand der alte König von Dänemark in dem Raume. Ich bin der Geist deines Vaters sagte das Bildnis, und scheide getrost, da meine Wünsche für dich, mehr als ich sie selbst begriff, erfüllt sind. Steile Gegenden lassen sich nur durch Umwege erklimmen, auf der Ebene führen gerade Wege von einem Ort zum andern. Lebe wohl, und gedenke mein, wenn du genießest, was ich dir vorbereitet habe. –

Wilhelm war äußerst betroffen, er glaubte die Stimme seines Vaters zu hören, und doch war sie es auch nicht; er befand sich durch die Gegenwart und die Erinnerung in der verworrensten Lage.

Nicht lange konnte er nachdenken, als der Abbé hervortrat und sich hinter den grünen Tisch stellte. Treten Sie herbei! rief er seinem verwunderten Freunde zu. Er trat herbei und stieg die Stufen hinan. Auf dem Teppiche lag eine kleine Rolle. Hier ist Ihr Lehrbrief, sagte der Abbé, beherzigen Sie ihn, er ist von wichtigem Inhalt. Wilhelm nahm ihn auf, öffnete ihn und las:

Lehrbrief

Die Kunst ist lang, das Leben kurz, das Urteil schwierig, die Gelegenheit flüchtig. Handeln ist leicht, Denken schwer, nach dem Gedachten Handeln unbequem. Aller Anfang ist heiter, die Schwelle ist der Platz der Erwartung. Der Knabe staunt, der Eindruck bestimmt ihn, er lernt spielend, der Ernst überrascht ihn. Die Nachahmung ist uns angeboren, das Nachzuahmende wird nicht leicht erkannt. Selten wird das Treffliche gefunden, seltner geschätzt. Die Höhe reizt uns, nicht die Stufen; den Gipfel im Auge, wandeln wir gerne auf der Ebene. Nur ein Teil der Kunst kann gelehrt werden, der Künstler braucht sie ganz. Wer sie halb kennt, ist immer irre und redet viel; wer sie ganz besitzt, mag nur tun und redet selten oder spät. Jene haben keine Geheimnisse und keine Kraft, ihre Lehre ist wie gebackenes Brot schmackhaft und sättigend für einen Tag; aber Mehl kann man nicht säen, und die Saatfrüchte sollen nicht vermahlen werden. Die Worte sind gut, sie sind aber nicht das Beste. Das Beste wird nicht deutlich durch Worte. Der Geist, aus dem wir handeln, ist das Höchste. Die Handlung wird nur vom Geiste begriffen und wieder dargestellt. Niemand weiß, was er tut, wenn er recht handelt, aber des Unrechten sind wir uns immer bewußt. Wer bloß mit Zeichen wirkt, ist ein Pedant, ein Heuchler oder ein Pfuscher. Es sind ihrer viel, und es wird ihnen wohl zusammen. Ihr Geschwätz hält den Schüler zurück, und ihre beharrliche Mittelmäßigkeit ängstigt die Besten. Des echten Künstlers Lehre schließt den Sinn auf; denn wo die Worte fehlen, spricht die Tat. Der echte Schüler lernt aus dem Bekannten das Unbekannte entwickeln und nähert sich dem Meister.

M2

Friedrich Schiller: Brief an Goethe vom 8. Juli 1796 (Auszug)

Wenn ich das Ziel, bei welchem Wilhelm nach einer langen Reihe von Verirrungen endlich anlangt, mit dürren Worten auszusprechen hätte, so würde ich sagen: „er tritt von einem leeren und unbestimmten Ideal in ein bestimmtes tätiges Leben, aber ohne die idealisierende Kraft dabei einzubüßen." Die zwei entgegengesetzten Abwege von diesem glücklichen Zustand sind in dem Roman dargestellt und zwar in allen möglichen Nüancen und Stufen. Von jener unglücklichen Expedition an, wo er ein Schauspiel aufführen will, ohne an den Inhalt gedacht zu haben, bis auf den Augenblick, wo er – Theresen zu seiner Gattin wählt, hat er gleichsam den ganzen Kreis der Menschheit *einseitig* durchlaufen; jene zwei Extreme sind die beiden höchsten Gegensätze, deren ein Charakter wie der seinige nur fähig ist, und daraus muß nun die Harmonie entspringen. Daß er nun, unter der schönen und heitern Führung der Natur (durch Felix) von dem Idealischen zum Reellen, von einem vagen Streben zum Handeln und zur Erkenntnis des Wirklichen übergeht, ohne doch dasjenige dabei einzubüßen, was in jenem ersten strebenden Zustand Reales war, daß er Bestimmtheit erlangt, ohne die schöne Bestimmbarkeit zu verlieren, daß er sich begrenzen lernt, aber in dieser Begrenzung selbst, durch die Form, wieder den Durchgang zum Unendlichen findet und so fort, dieses nenne ich die Krise seines Lebens, das Ende seiner Lehrjahre, und dazu scheinen sich mir alle Anstalten in dem Werk auf das vollkommenste zu vereinigen. Das schöne Naturverhältnis zu seinem Kinde und die Verbindung mit Nataliens edler Weiblichkeit garantieren diesen Zustand der geistigen Gesundheit, und wir sehen ihn, wir scheiden von ihm auf einem Wege, der zu einer endlosen Vollkommenheit führet.

M 3

Karl Schlechta: Die Turmgesellschaft

Die Initiationsszene, Wilhelms Aufnahme in den Turm, im neunten und letzten Kapitel des siebenten Buches, ist eine große Enttäuschung – eine Enttäuschung für alle diejenigen, welche sich von diesem Akte eine Art deutlichen Abschlusses auf Wilhelms Lebensweg versprochen haben. Was die Gesellschaft selbst von der formalen Seite dieser Veranstaltung hält, sagt uns schon im nächsten Buche Jarno: das alles war Mystifikation und Hokuspokus, um erlösungssüchtige Toren beiseite zu bringen. Der Turm, die alte und eisenbeschlagene Türe, das Pochen und Hereinschieben, das dunkle Zimmer, die Teppiche und durchschimmernden Lichter sind Initiationsmaskerade, Zauberrequisiten – wie in Mozarts Freimaureroper, aber ohne Mozarts Musik.

Freilich läßt uns der pseudoreligiöse Ton bei der ganzen Veranstaltung, auch wenn wir wissen, daß es sich um ein ausgemacht vordergründiges Spiel handelt, nicht recht froh werden: der Saal schien ehemals eine Kapelle gewesen zu sein, anstatt des Altars stand ein großer Tisch auf einigen Stufen und darüber schien ein zugezogener Vorhang ein Gemälde zu bedecken. Selbst die farbigen Fenster fehlen nicht, wenn sich auch Wilhelm so setzen muß, daß ihn die Morgensonne blendet. Der Vorhang über dem Pseudoaltar öffnet sich, und sichtbar wird – eine leere Öffnung! In diese, doch ursprünglich dem mythischen, dem heiligen Bilde bestimmte Öffnung treten nun, der Reihe nach, die uns bekannten Turm-Gestalten und sagen ihren Spruch. An die Stelle des bildhaft wirkenden Gottes tritt der Mensch mit seiner abgezogenen Weisheit.

Die wichtigste unter den hier Wilhelm zuteil werdenden Belehrungen nimmt bezeichnenderweise Jarno vorweg. Auch dies relativiert den Wert der ganzen Inszenierung. Was Jarno sagt, ist uns allerdings schon bekannt; aber die Wiederholung lohne sich:

1. lerne, dich in einer größeren Masse verlieren;
2. lerne, dich selbst in einer pflichtmäßigen Tätigkeit vergessen.

Es ist also einfach nicht wahr, daß es im Ganzen des Romans um Wilhelms Ausbildung zu einer in sich beruhenden, aus einem eigenen Zentrum lebenden und wirkenden Persönlichkeit gehe. Bildung in diesem Sinne tritt als wünschenswert nur im Übergang auf: bei Wilhelm allein; mit einiger Deutlichkeit, wie wir schon gesehen haben, im Augenblick seiner Berührung mit der Sphäre des Adels. Wie denn auch allein der Aristokrat Lothario bis in den späteren Verlauf der Handlung eine aus sich wirkende, aus sich allein überzeugende Person aufrechtzuerhalten vermag. Alle anderen sind mehr oder minder ansehnliche Räder in einem großen, von außen her in Bewegung gesetzten Getriebe. Dieses von draußen herein Wirkende ist – eine Maxime, die Haupt- und Staatsmaxime des Turmes, welche mit zunehmender Intensität, mit zunehmender Lautstärke, in stets kürzer werdenden Abständen, immer wieder vorgetragen wird: lerne, dich in Tätigkeit verlieren: begreife, daß du kein Ganzes bist, kein Ganzes sein kannst, daß du nur als genauer Teil an einem ideellen Ganzen, an der Menschheit mitzuwirken vermagst. Das ist das Thema der großen Entsagung. Gib *dein* Leben auf!

Karl Schlechta, Die Turmgesellschaft (Goethes Wilhelm Meister, 1953)

M 1

Humanität als Ziel

Sie fürchten, daß man dem Wort Humanität einen Fleck anhängen werde; könnten wir nicht das Wort ändern? *Menschheit, Menschlichkeit, Menschenrechte, Menschenpflichten, Menschenwürde, Menschenliebe*?

Menschen sind wir allesammt, und tragen sofern die Menschheit an uns, oder wir gehören zur Menschheit. Leider aber hat man in unserer Sprache dem Wort Mensch und noch mehr dem barmherzigen Wort *Menschlichkeit* so oft eine Nebenbedeutung von Niedrigkeit, Schwäche und falschem Mitleid angehängt, daß man jenes nur mit einem Blick der Verachtung, dieß mit einem Achselzucken zu begleiten gewohnt ist. „*Der Mensch!*" sagen wir jammernd oder verachtend und glauben einen guten Mann aufs Lindeste mit dem Ausdruck zu entschuldigen, es habe ihn die Menschlichkeit übereilet. Kein Vernünftiger billigt es, daß man den Charakter des Geschlechts, zu dem wir gehören, so barbarisch hinabgesetzt hat; man hat hiemit unweiser gehandelt, als wenn man den Namen seiner Stadt oder Landsmannschaft zum Ekelnamen machte. Wir also wollen uns hüten, daß wir zu Beförderung solcher Menschlichkeit keine Briefe schreiben.

Der Name *Menschenrechte* kann ohne *Menschenpflichten* nicht genannt werden; beide beziehen sich auf einander, und für beide suchen wir Ein Wort.

So auch *Menschenwürde* und *Menschenliebe*. Das Menschengeschlecht, wie es jetzt ist und wahrscheinlich lange noch sein wird, hat seinem größesten Theil nach keine Würde; man darf es eher bemitleiden als verehren. Es soll aber zum Charakter seines *Geschlechts*, mithin auch zu dessen Werth und Würde gebildet werden. Das schöne Wort Menschenliebe ist so trivial worden, daß man meistens die Menschen liebt, um keinen unter den Menschen wirksam zu lieben. Alle diese Worte enthalten Theilbegriffe unseres Zwecks, den wir gern mit Einem Ausdruck bezeichnen möchten.

Also wollen wir bei dem Wort *Humanität* bleiben, an welches unter Alten und Neuern die besten Schriftsteller so würdige Begriffe geknüpft haben. Humanität ist der Charakter unsres *Geschlechts*; er ist uns aber nur in Anlagen angeboren, und muß uns eigentlich angebildet werden. Wir bringen ihn nicht fertig auf die Welt mit; auf der Welt aber soll er das Ziel unsres Bestrebens, die Summe unsrer Uebungen, unser *Werth* sein; denn eine *Angelität* im Menschen kennen wir nicht, und wenn der Dämon, der uns regiert, kein humaner Dämon ist, werden wir Plagegeister der Menschen. Das *Göttliche* in unserm Geschlecht ist also *Bildung zur Humanität*; alle großen und guten Menschen, Gesetzgeber, Erfinder, Philosophen, Dichter, Künstler, jeder edle Mensch in seinem Stande, bei der Erziehung seiner Kinder, bei der Beobachtung seiner Pflichten, durch Beispiel, Werk, Institut und Lehre hat dazu mitgeholfen. Humanität ist der Schatz und die Ausbeute aller menschlichen Bemühungen, gleichsam die Kunst unsres Geschlechtes. Die Bildung zu ihr ist ein Werk, das unablässig fortgesetzt werden muß; oder wir sinken, höhere und niedere Stände, zur rohen Thierheit, zur Brutalität zurück.

[...]

Johann Gottfried Herder: Briefe zur Beförderung der Humanität, 1793–1797, 3. Sammlung, 27. Brief, S. 106 f.

M 2

Verknüpfung unsres Ichs mit der Welt

Der Mathematiker, der Naturforscher, der Künstler, ja oft selbst der Philosoph beginnen nicht nur jetzt gewöhnlich ihr Geschäft, ohne seine eigentliche Natur zu kennen und es in seiner Vollständigkeit zu übersehen, sondern auch nur wenige erheben sich selbst späterhin zu diesem höheren Standpunkt und dieser allgemeineren Uebersicht. In einer noch schlimmeren Lage aber befindet sich derjenige, welcher, ohne ein einzelnes jener Fächer ausschliessend zu wählen, nur aus allen für seine Ausbildung Vortheil ziehen will. In der Verlegenheit der Wahl unter mehreren, und aus Mangel an Fertigkeit, irgend eins, aus den engeren Schranken desselben heraus, zu seinem eignen allgemeineren Endzweck zu benutzen, gelangt er nothwendig früher oder später dahin, sich allein dem Zufall zu überlassen und was er etwa ergreift, nur zu untergeordneten Absichten, oder bloss als ein zeitverkürzendes Spielwerk zu gebrauchen. Hierin liegt einer der vorzüglichsten Gründe der häufigen und nicht ungerechten Klagen, dass das Wissen unnütz und die Bearbeitung des Geistes unfruchtbar bleibt, dass zwar Vieles um uns her zu Stande gebracht, aber nur wenig in uns verbessert wird, und dass man über der höheren, und nur für Wenige tauglichen wissenschaftlichen Ausbildung des Kopfes die allgemeiner und unmittelbarer nützliche der Gesinnungen vernachlässigt.

Im Mittelpunkt aller besonderen Arten der Thätigkeit nemlich steht der Mensch, der ohne alle, auf irgend etwas Einzelnes gerichtete Absicht, nur die Kräfte seiner Natur stärken und erhöhen, seinem Wesen Werth und Dauer verschaffen will. Da jedoch die blosse Kraft einen Gegenstand braucht, an dem sie sich üben, und die blosse Form, der reine Gedanke, einen Stoff, in dem sie, sich darin ausprägend, fortdauern könne, so bedarf auch der Mensch einer Welt ausser sich. Daher entspringt sein Streben, den Kreis seiner Erkenntnis und seiner Wirksamkeit zu erweitern, und ohne dass er sich selbst deutlich dessen bewusst ist, liegt es ihm nicht eigentlich an dem, was er von jener erwirbt, oder vermöge dieser ausser sich hervorbringt, sondern nur an seiner inneren Verbesserung und Veredlung, oder wenigstens an der Befriedigung der innern Unruhe, die ihn verzehrt. Rein und in seiner Endabsicht betrachtet, ist sein Denken immer nur ein Versuch seines Geistes, vor sich selbst verständlich, sein Handeln ein Versuch seines Willens, in sich frei und unabhängig zu werden, seine ganze äussere Geschäftigkeit überhaupt aber nur ein Streben, nicht in sich müssig zu bleiben. Bloss weil beides, sein Denken und sein Handeln nicht anders, als nur vermöge eines Dritten, nur vermöge des Vorstellens und des Bearbeitens von etwas möglich ist, dessen eigentlich unterscheidendes Merkmal es ist, Nicht-Mensch, d. i. Welt zu seyn, sucht er, soviel Welt, als möglich zu ergreifen, und so eng, als er nur kann, mit sich zu verbinden.

Die letzte Aufgabe unseres Daseyns: dem Begriff der Menschheit in unsrer Person, sowohl während der Zeit unseres Lebens, als auch noch über dasselbe hinaus, durch die Spuren des lebendigen Wirkens, die wir zurücklassen, einen so grossen Inhalt, als möglich, zu verschaffen, diese Aufgabe löst sich allein durch die Verknüpfung unsres Ichs mit der Welt zu der allgemeinsten, regesten und freiesten Wechselwirkung.

W. v. Humboldt: Theorie der Bildung des Menschen, 1793, S. 282 f.

M 1

Sprache als Einverständnis der Seele mit sich selbst

Schon als Thier hat der Mensch Sprache. Alle heftige, und die heftigsten unter den heftigen, die schmerzhaften Empfindungen seines Körpers, so wie alle starken Leidenschaften seiner Seele äußern sich unmittelbar durch Geschrei, durch Töne, durch wilde unartikulierte Laute. [...]

In allen ursprünglichen Sprachen tönen noch Reste dieser Naturtöne; nur freilich sind sie nicht die Hauptfäden der menschlichen Sprache. Sie sind nicht die eigentlichen Wurzeln, aber die Säfte, die die Wurzeln der Sprache beleben.

Eine feine, spät erfundene metaphysische Sprache, die von der ursprünglichen Muttersprache des menschlichen Geschlechts eine Abart vielleicht im vierten Gliede ist und nach langen Jahrtausenden der Abartung selbst wieder Jahrhunderte ihres Lebens hindurch verfeinert, civilisiert und humanisiert worden, eine solche Sprache, das Kind der Vernunft und Gesellschaft, kann wenig oder Nichts mehr von der Kindheit ihrer ersten Mutter wissen; allein die alten, die wilden Sprachen, je näher zum Ursprunge, enthalten davon desto mehr. [...]

Der Mensch in den Zustand von Besonnenheit gesetzt, der ihm eigen ist, und diese Besonnenheit (Reflexion) zum ersten Mal frei wirkend, hat Sprache erfunden. Denn was ist Reflexion? Was ist Sprache?

Diese Besonnenheit ist ihm charakteristisch eigen, und seiner Gattung wesentlich; so auch Sprache und eigne Erfindung der Sprache.

Erfindung der Sprache ist ihm also so natürlich, als er ein Mensch ist! Lasset uns nur beide Begriffe entwickeln! Reflexion und Sprache –

Der Mensch beweiset Reflexion, wenn die Kraft seiner Seele so frei wirket, daß sie in dem ganzen Ocean von Empfindungen, der sie durch alle Sinnen durchrauschet, Eine Welle, wenn ich so sagen darf, absondern, sie anhalten, die Aufmerksamkeit auf sie richten, und sich bewußt sein kann, daß sie aufmerke. Er beweiset Reflexion, wenn er aus dem ganzen schwebenden Traum der Bilder, die seine Sinne vorbeistreichen, sich in ein Moment des Wachens sammeln, auf Einem Bilde freiwillig verweilen, es in helle, ruhigere Obacht nehmen und sich Merkmale absondern kann, daß Dieß der Gegenstand und kein andrer sei. Er beweiset also Reflexion, wenn er nicht bloß alle Eigenschaften lebhaft oder klar erkennen, sondern Eine oder mehrere als unterscheidende Eigenschaften bei sich anerkennen kann; der erste Aktus dieser Anerkenntniß giebt deutlichen Begriff; es ist das Erste Urtheil der Seele, und –

Wodurch geschah diese Anerkennung? Durch ein Merkmal, das er absondern mußte, und das als Merkmal der Besinnung deutlich in ihm blieb. Wohlan, so lasset uns ihm das ευρηκα zurufen! Dieß erste Merkmal der Besinnung war Wort der Seele. Mit ihm ist die menschliche Sprache erfunden.

Lasset jenes Lamm als Bild sein Auge vorbeigehn; es erscheint ihm, wie keinem andern Thiere. Nicht wie dem hungrigen, witternden Wolfe; nicht wie dem blutleckenden Löwen – die wittern und schmecken schon im Geiste; die Sinnlichkeit hat sie überwältigt, der Instinkt wirft sie darüber her. – Nicht wie dem brünstigen Schafmanne, der es nur als den Gegenstand seines Genusses fühlt, den also wieder die Sinnlichkeit überwältigt; nicht wie jedem andern Thier, dem das Schaf gleichgültig ist, das es also klar dunkel vorbeistreichen läßt, weil ihn sein Instinkt auf etwas Anders wendet. Nicht so dem Menschen. Sobald er in das Bedürfniß kommt, das Schaf kennen zu lernen, so störet ihn kein Instinkt, so reißt ihn kein Sinn auf dasselbe zu nahe hin, oder davon ab; es steht da, ganz wie es sich seinen Sinnen äußert. Weiß, sanft, wolligt – seine besonnen sich übende Seele sucht ein Merkmal; das Schaf blöcket, sie hat ein Merkmal gefunden; der innere Sinn wirket. [...]

Der Schall des Blöckens von einer menschlichen Seele, als Kennzeichen des Schafs wahrgenommen, ward kraft dieser Bestimmung Namen des Schafs, und wenn ihn nie seine Zunge zu stammeln versucht hätte. Er erkannte das Schaf am Blöcken; es war ein gefaßtes Zeichen, bei welchem sich die Seele einer Idee deutlich besann – Was ist Das anders als Wort? Und was ist die ganze menschliche Sprache, als eine Sammlung solcher Worte? Käme er also auch nie in den Fall, einem andern Geschöpf dieser Idee zu geben, und also dieß Merkmal der Besinnung ihm mit den Lippen vorblöcken zu wollen oder zu können; seine Seele hat gleichsam in ihrem Inwendigen geblöckt, da sie diesen Schall zum Erinnerungszeichen wählte, und wieder geblöckt, da sie ihn daran erkannte – die Sprache ist erfunden! eben so natürlich und dem Menschen nothwendig erfunden, als der Mensch ein Mensch war. [...]

Hier ist es keine Organisation des Mundes, die die Sprache schafft; denn auch der Zeitlebens Stumme, war er Mensch, besann er sich: so lag Sprache in seiner Seele. Hier ists kein Geschrei der Empfindung; denn nicht eine athmende Maschine, sondern ein besinnendes Geschöpf erfand Sprache. Kein Principium der Nachahmung in der Seele; die etwanige Nachahmung der Natur ist bloß ein Mittel zu Einem und dem einzigen Zweck, der hier erklärt werden soll. Am Wenigsten ists Einverständniß, willkürliche Konvention der Gesellschaft; der Wilde, der Einsame im Wandel hätte Sprache für sich selbst erfinden müssen, hätte er sie auch nie geredet. Sie war Einverständniß seiner Seele mit sich selbst, und ein so nothwendiges Einverständniß, als der Mensch Mensch war.

J. G. Herder: Über den Ursprung der Sprache, 1772, S. 552, 555, 572 ff.

Erläuterung:
ευρηκα (heūreka): ich hab's gefunden; (Ausruf des Archimedes, als er das hydrostatische Gesetz fand)

M 2

Sprache als Tätigkeit

Die Sprache, in ihrem wirklichen Wesen aufgefasst, ist etwas beständig und in jedem Augenblicke Vorübergehendes. Selbst ihre Erhaltung durch die Schrift ist immer nur eine unvollständige, mumienartige Aufbewahrung, die es doch erst wieder bedarf, dass man dabei den lebendigen Vortrag zu versinnlichen sucht. Sie selbst ist kein Werk (Ergon), sondern eine Thätigkeit (Energeia). Ihre wahre Definition kann daher nur eine genetische seyn. Sie ist nemlich die sich ewig wiederholende Arbeit des Geistes, den articulirten Laut zum Ausdruck des Gedankens fähig zu machen. Unmittelbar und streng genommen, ist dies die Definition des jedesmaligen Sprechens; aber im wahren und wesentlichen Sinne kann man auch nur gleichsam die Totalität dieses Sprechens als die Sprache ansehen. Denn in dem zerstreuten Chaos von Wörtern und Regeln, welches wir wohl eine Sprache zu nennen pflegen, ist nur das durch jenes Sprechen hervorgebrachte Einzelne vorhanden und dies niemals vollständig, auch erst einer neuen Arbeit bedürftig, um daraus die Art des lebendigen Sprechens zu erkennen und ein wahres Bild der lebendigen Sprache zu geben. Gerade das Höchste und Feinste lässt sich an jenen getrennten Elementen nicht erkennen und kann nur (was um so mehr beweist, dass die eigentliche Sprache in dem Acte ihres wirklichen Hervorbringens liegt) in der verbundenen Rede wahrgenommen oder geahndet werden. Nur sie muss man sich überhaupt in allen Untersuchungen, welche in die lebendige Wesenheit der Sprache eindringen sollen, immer als das Wahre und Erste denken. Das Zerschlagen in Wörter und Regeln ist nur ein todtes Machwerk wissenschaftlicher Zergliederung.
Die Sprachen als eine Arbeit des Geistes zu bezeichnen, ist schon darum ein vollkommen richtiger und adäquater Ausdruck, weil sich das Daseyn des Geistes überhaupt nur in Thätigkeit und als solche denken lässt.[1)]

[1)] Nach „lässt" gestrichen: „Die Misdeutung muss man aber allerdings vermeiden, sich darunter eine mit Bewusstseyn und auch im Einzelnen des Verfahrens allmählich vorgehende Arbeit vorzustellen. Dies passt gerade durchaus nicht auf die Sprache, und will man diese Seite ihrer unerklärlichen Selbständigkeit an ihr herausheben, so muss man sie nicht eine Arbeit oder Thätigkeit, sondern eine, wenn man die augenblickliche Bildung beachtet, gleichsam unwillkürliche Emanation des Geistes nennen. Sie ist nicht sowohl ein Werk der Nationen, als eine ihnen durch ihr inneres Geschick zugefallene Gabe; sie besitzen sie, ohne zu wissen, wie sie dieselbe gebildet haben. Die Sprache kann und muss sogar als die äusserliche Erscheinung des Geistes der Völker angesehen werden, ihre Sprache ist ihr Geist und ihr Geist ihre Sprache; man kann sich beide nie identisch genug denken."

W. v. Humboldt: Über die Verschiedenheit des menschlichen Sprachbaues und ihren Einfluß auf die geistige Entwicklung des Menschengeschlechts, 1836, S. 45 f.

M 3

Sprache als Ansicht der Welt

Den nachtheiligsten Einfluss auf die interessante Behandlung jedes Sprachstudiums hat die beschränkte Vorstellung ausgeübt, dass die Sprache durch Convention entstanden, und das Wort nichts als Zeichen einer unabhängig von ihm vorhandenen Sache, oder eines eben solchen Begriffs ist. Diese bis auf einen gewissen Punkt freilich unläugbar richtige, aber weiter hinaus auch durchaus falsche Ansicht tödtet, sobald sie herrschend zu werden anfängt, allen Geist und verbannt alles Leben, und ihr dankt man die so häufig wiederholten Gemeinplätze: dass das Sprachstudium entweder nur zu äusseren Zwecken, oder zu gelegentlicher Entwickelung noch ungeübter Kräfte nothwendig; dass die beste Methode die am kürzesten zu dem mechanischen Verstehen und Gebrauchen einer Sprache führende; dass jede Sprache, wenn man sich ihrer nur recht zu bedienen weiss, ungefähr gleich gut ist; dass es besser seyn würde, wenn alle Nationen sich nur über den Gebrauch einer und ebenderselben verstünden, und was es noch sonst für Vorurtheile dieser Art geben mag.
Genauer untersucht zeigt sich nun aber von allem diesem das gerade Gegentheil.
Das Wort ist freilich insofern ein Zeichen, als es für eine Sache oder einen Begriff gebraucht wird, aber nach der Art seiner Bildung und seiner Wirkung ist es ein eignes und selbständiges Wesen, ein Individuum, die Summe aller Wörter, die Sprache, ist eine Welt, die zwischen der erscheinenden ausser, und der wirkenden in uns in der Mitte liegt; sie beruht freilich auf Convention, insofern sich alle Glieder eines Stammes verstehen, aber die einzelnen Wörter sind zuerst aus dem natürlichen Gefühl des Sprechenden gebildet, und durch das ähnliche natürliche Gefühl des Hörenden verstanden worden; das Sprachstudium lehrt daher, ausser dem Gebrauch der Sprache selbst, noch die Analogie zwischen dem Menschen und der Welt im Allgemeinen und jeder Nation insbesondre, die sich in der Sprache ausdrückt, und da der in der Welt sich offenbarende Geist durch keine gegebene Menge von Ansichten erschöpfend erkannt werden kann, sondern jede neue immer etwas Neues entdeckt, so wäre es vielmehr gut die verschiedenen Sprachen so sehr zu vervielfältigen, als es immer die Zahl der den Erdboden bewohnenden Menschen erlaubt.

W. v. Humboldt: Latium und Hellas oder Betrachtungen über das classische Alterthum (1806), S. 167 f.

M 1

Goethe als „Merlin"

Im Jahr 1818 verbrachte Goethe längere Zeit auf den Dornburger Schlössern in der Umgebung von Weimar über dem Saaletal. Dort besuchte ihn der Weimarer Kanzler Fr. Th. Adam Heinrich von Müller. Er notierte seit 1808 seine „Unterhaltungen mit Goethe"; über den 29. April 1818 berichtete er:

Wir lauschten aufmerksam jedem Worte, das dem theuren Munde beredt entquoll, und waren möglichst bemüht, durch Gegenrede und Einwurf immer lebendigere Äußerungen hervorzulocken.
Es war als ob vor Goethe's innrem Auge die großen Umrisse der ganzen Weltgeschichte vorübergingen, die sein gewaltiger Geist in ihre einfachsten Elemente aufzulösen bemüht war. Mit jeder neuen Äußerung nahm sein ganzes Wesen etwas Feyerlicheres, ich möchte sagen, Prophetisches an, Dichtung und Wahrheit verschmolzen sich in einander und die höhere Ruhe des Weisen leuchtete aus seinen Zügen. Dabei war er kindlich mild und theilnehmend, weit geduldiger als sonst in Beantwortung unserer Fragen und Einwürfe und seine Gedanken schienen wie in einem reinen ungetrübten Aether auf und nieder zu wogen.
Doch nur allzurasch entschlüpften so köstliche Stunden: „Laßt mich Kinder, sprach er plözlich vom Sitze aufstehend, einsam zu meinen Steinen dort unten eilen; denn nach solchem Gespräch geziemt dem alten Merlin sich mit den UrElementen wieder zu befreunden."
Wir sahen ihm lange und frohbewegt nach, als er in seinen lichtgrauen Mantel gehüllt, feyerlich ins Thal hinabstieg, bald bey diesem, bald bey jenem Gestein oder auch bei einzelnen Pflanzen verweilend und die erstern mit seinem mineralogischen Hammer prüfend.
Schon fielen längere Schatten von den Bergen, in denen er uns wie eine geisterhafte Erscheinung entschwand, und wir fuhren unter traulichen Erinnerungs-Gesprächen durch das blühende Jenaische Thal froh und heiter nach Hause.

Kanzler v. Müller: Unterhaltungen mit Goethe, S. 28 ff.

M 2

Harmonisch fortschreitende Universalbildung

Goethes Leben und Geistesentwicklung ist eine harmonisch fortschreitende Universalbildung, die auf den großartigsten Naturanlagen, unter liebevoller Begünstigung des Schicksals, kein Gebiet des Wissens, keine Kraft der Seele, keine Pflicht des Daseins vernachlässigend, die Individualität bis zur Stufe der Vollendung zu heben bemüht war und in steter Wechselwirkung mit der Bildung des deutschen Volkes, mehr gebend als empfangend, und das Empfangene reiner und vollkommener wieder erstattend, für Zeitgenossen und Nachkommen von unermeßlichem Einfluß und zum segensreichsten Schatze geworden ist. Während andere große Geister neben ihm frühzeitig aus ihrer Bahn entrückt wurden, war es ihm vergönnt, während einer über das gewöhnliche Maaß reichlich zugewogenen Lebensdauer die Wirkungen seines Strebens mitzuerleben und über die Grenze des irdischen Daseins hinaus den Reichthum seines Wesens fortwirken zu lassen. Er trat aus Lebenkreisen hervor, denen das Glück die beengende Noth und den verführerischen Ueberfluß fern gehalten, und wurde nie weiter in das thätige Leben geführt, als er es, ohne einseitig und ausschließlich zu werden, übersehen und beherrschen konnte. Innerhalb dieser wohlthätig begrenzenden Schranken fand er den festen Boden, auf den und von dem er wirken konnte, und während er die kleine Welt um sich her seiner inneren entsprechend zu gestalten vermochte, arbeitete er an der Gestaltung der großen weiten Menschenwelt, die in immer weiteren Kreisen seiner bildenden Kraft sich erfreut, auch da, wo sie das Walten derselben unmittelbar nicht gewahr wird.

Karl Goedeke: Goethe, Einleitung zur Cotta-Ausgabe von Goethes Werken, 1867, S.III.

M3

Entwurf zu einem Schiller-Monument (1805)

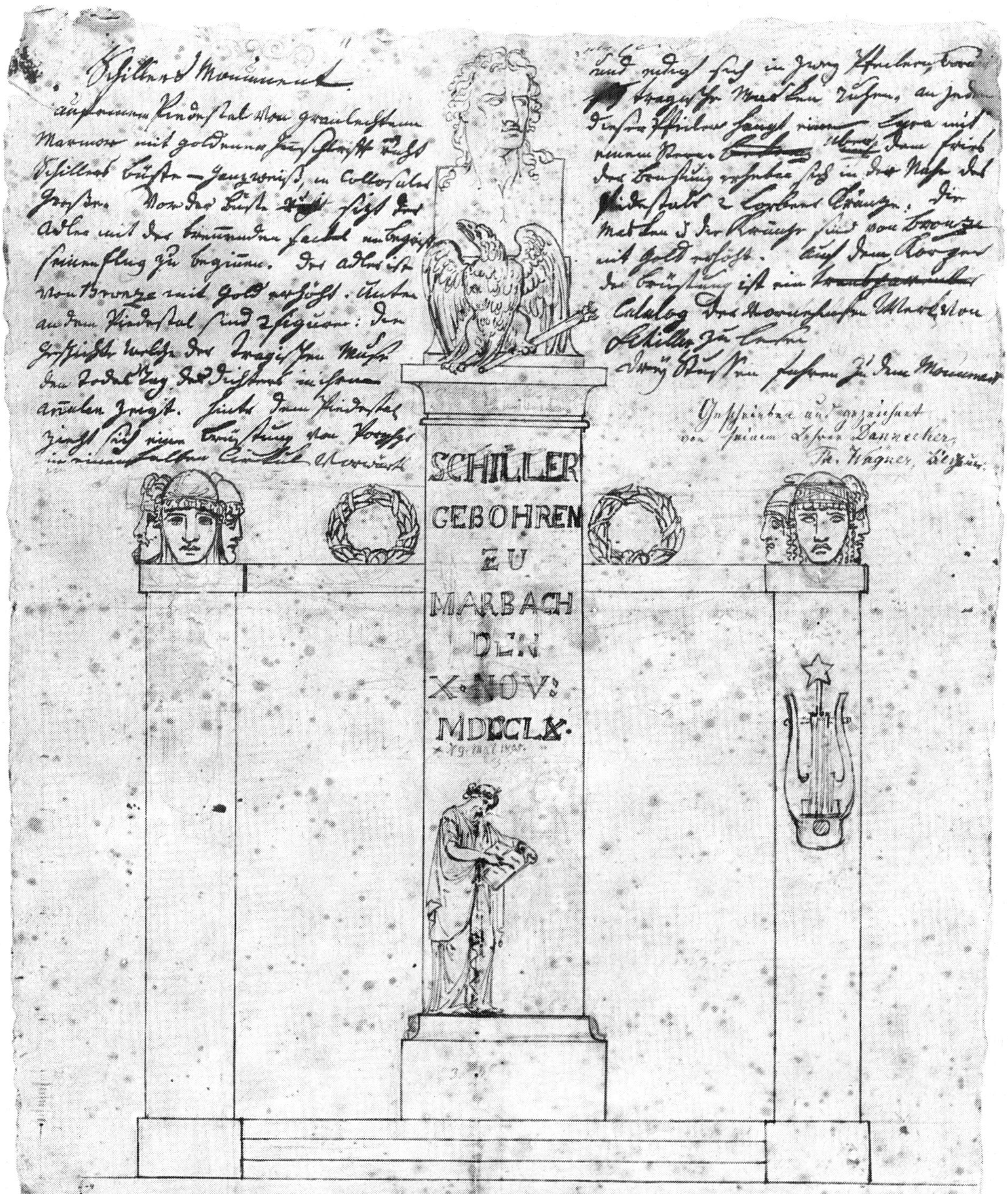

Johann Heinrich Dannecker, © Schiller Nationalmuseum, Marbach a. N.

Bezeichnet oben: *Schillers Monument. / auf einem Piedestal von graulechtem / Marmor mit goldener Inschrift ruht / Schillers Büste – ganz weiß, in colossaler / Größe. Vor der Büste* [gestrichen] *sitzt der / Adler mit der brennenden Fackel im Begriff / seinen Flug zu beginnen. Der Adler ist / von Bronze mit Gold erhöht. Unten / an dem Piedestal sind 2 Figuren: die / Geschichte welche der tragischen Muse / den Todestag des Dichters in ihre / Añalen zeigt. Hinder dem Piedestal / zieht sich eine Brüstung von Porphyr / in einem halben Cirkul vorwärts / und endigt sich in zwey Pfeilern, worauf / tragische Masken ruhen, an jedem / dieser Pfeiler hangt eine Lyra mit / einem Stern. Über dem Fries / der Brüstung erheben sich in der Nähe des / Piedestals 2 Lorbeer Kränze. Die / Masken und die Kränze sind von Bronze / mit Gold erhöht. Auf dem Körper / der Brüstung ist ein* [gestrichen] / *Catalog der vornehmsten Werke von / Schiller zu lesen / Drey Stufen führen zu dem Monument.*

M4

Entwurf eines Goethe-Denkmals (1824)

Bettina von Arnim

M6

Karikatur eines Hauptmann-Denkmals (1926)

K. Arnold, Simplicissimus vom 21.6.1926

M5

Goethe-Schiller-Denkmal Weimar (1852–57)

Ernst Rietschel, Weimar, Theaterplatz.

M7

Karikatur eines Denkmals für Goethe und Thomas Mann

H. U. Steger, Weltwoche Zürich 10.6.1949

M1

Dichter ohne Volk

Nur drei Jahreszeiten in seinem Dichterleben wie in seinem menschlichen. Einen schönen aber kurzen Frühling, einen Herbst reich an goldnen Früchten und einen kalten und trocknen Winter. Der Sommer fehlt! Mit seiner Glut, mit seinen Gewittern, mit seinem Morgentau und seiner Abendkühle. Armer Dichter, der kein Volk hat! Armes Volk, das keinen Dichter hat – Warum mir doch immer so unbeschreiblich zumute ist, sooft [ich] Goethen gegenüberstehe. Ich will nicht sagen, daß mir wehe ist, ich bin zu stolz dazu, es zu sein und zu sagen, aber unwohl ist mir. Ich hasse ihn nicht, aber er ist der König alles dessen, was ich hasse, und sooft er erscheint, sehe ich alle meine Abneigungen in seinem Gefolge –.

Ludwig Börne: Goethe; Notiz 1829, S. 971

M2

Vertauschung der platten mit der überschwenglichen Misère

– Goethe verhält sich in seinen Werken auf eine zweifache Weise zur deutschen Gesellschaft seiner Zeit. Bald ist er ihr feindselig; er sucht der ihm widerwärtigen zu entfliehen, wie in der Iphigenie und überhaupt während der italienischen Reise, er rebelliert gegen sie als Götz, Prometheus und Faust, er schüttet als Mephistopheles seinen bittersten Spott über sie aus. Bald dagegen ist er ihr befreundet, „schickt" sich in sie, wie in der Mehrzahl der Zahmen Xenien und vielen prosaischen Schriften, feiert sie, wie in den Maskenzügen, ja verteidigt sie gegen die andrängende geschichtliche Bewegung, wie namentlich in allen Schriften, wo er auf die Französische Revolution zu sprechen kommt. Es sind nicht nur einzelne Seiten des deutschen Lebens, die Goethe anerkannt, gegen andre, die ihm widerstreben. Es sind häufiger verschiedene Stimmungen, in denen er sich befindet; es ist ein fortwährender Kampf in ihm zwischen dem genialen Dichter, den die Misère seiner Umgebung anekelt, und dem behutsamen Frankfurter Ratsherrenkind, resp. Weimarschen Geheimrat, der sich genötigt sieht, Waffenstillstand mit ihr zu schließen und sich an sie zu gewöhnen. So ist Goethe bald kolossal, bald kleinlich; bald trotziges, spottendes, weltverachtendes Genie, bald rücksichtsvoller, genügsamer, enger Philister. Auch Goethe war nicht imstande, die deutsche Misère zu besiegen; im Gegenteil, sie besiegt ihn, und dieser Sieg der Misère über den größten Deutschen ist der beste Beweis dafür, daß sie „von Innen heraus" gar nicht zu überwinden ist. Goethe war zu universell, zu aktiver Natur, zu fleischlich, um in einer Schillerschen Flucht ins Kantsche Ideal Rettung vor der Misère zu suchen; er war zu scharfblickend, um nicht zu sehen, wie diese Flucht sich schließlich auf die Vertauschung der platten mit der überschwenglichen Misère reduzierte. Sein Temperament, seine Kräfte, seine ganze geistige Richtung wiesen ihn aufs praktische Leben an, und das praktische Leben, das er vorfand, war miserabel. In diesem Dilemma, in einer Lebenssphäre zu existieren, die er verachten mußte, und doch an diese Sphäre als die einzige, in welcher er sich betätigen konnte, gefesselt zu sein, in diesem Dilemma hat sich Goethe fortwährend befunden, und je älter er wurde, desto mehr zog sich der gewaltige Poet, de guerre lasse[1], hinter den unbedeutenden Weimarschen Minister zurück. Wir werfen Goethe nicht à la Börne und Menzel[2] vor, daß er nicht liberal war, sondern daß er zu Zeiten auch Philister sein konnte, nicht daß er keines Enthusiasmus für deutsche Freiheit fähig war, sondern daß er einer spießbürgerlichen Scheu vor aller gegenwärtigen großen Geschichtsbewegung sein stellenweise hervorbrechendes richtigeres ästhetisches Gefühl opferte; nicht daß er Hofmann war, sondern daß er zur Zeit, wo ein Napoleon den großen deutschen Augiasstall[3] ausschwemmte, die winzigsten Angelegenheiten und menus plaisirs[4] eines der winzigsten deutschen Höflein mit feierlichem Ernst betreiben konnte. […]

Friedrich Engels: Rezension zu K. Grün, Über Goethe vom menschlichen Standpunkte, 1847, S. 43 ff.

Erläuterungen:

1 des Krieges müde.

2 Ludwig Börne (1786–1837) im 51. seiner Briefe aus Paris (1831). – Wolfgang Menzel (1798–1873): Die deutsche Literatur (1828)

3 Spielt auf die griechische Sage von König Augias von Elis und Herakles an. Herakles sollte den Rinderstall des Königs, wo sich der Mist seit Jahren angehäuft hatte, an einem Tag reinigen. Herakles löste die Aufgabe, indem er einen Fluß durch den Stall leitete.

4 kleine Vergnügen

M3

Durch Weihrauch geschwärzt

Jhering. Ja, Mißbrauch. Im Bildungszeitalter, im neunzehnten Jahrhundert, galten die Klassiker als geistiges Mobiliar des gutsituierten Bürgertums. Sie waren Schmuck seiner guten Stube, gehörten zu ihm wie die Plüschmöbel, waren anwendbar und zur Hand in allen Lebenslagen. Das klassische Drama diente zur Bestätigung einer Welt, *gegen* die es entstanden war. Mit klassischen Versen verlobte man sich, erzog man seine Kinder, kannegießerte und kegelte man. „Das ist das Los des Schönen auf der Erde“, rief der Vollbart und zwickte die Kellnerin.
Brecht. Schön, das war ein Mißbrauch, der mit den Klassikern getrieben wurde. Man hätte sie nicht so überanstrengen sollen und sie nicht zu jeder Hochzeit und Kindtaufe zuziehen sollen.
Jhering. Man brachte es fertig, revolutionäre Werke wie „Die Räuber“ und „Kabale und Liebe“ in eine ungefährliche Ideologie umzulügen. Der Spießer entgiftete alle rebellischen Gedanken, indem er sich mit ihnen identifizierte. Der Banause usurpierte die Revolution und konnte deshalb im Leben um so selbstzufriedener auf sie verzichten. Man plünderte den Inhalt und nutzte die Klassiker ab. Es gab keine Tradition, nur Verbrauch. Aber dieser ganze Verbrauch war nur der Ausdruck für eine falsche, geistig unfruchtbare, konservative Verehrung.
Brecht. Diese ehrerbietige Haltung hat sich an den Klassikern sehr gerächt, sie wurden durch Ehrerbietung ramponiert und durch Weihrauch geschwärzt. Es wäre ihnen besser bekommen, wenn man ihnen gegenüber eine freiere Haltung eingenommen hätte, wie die Wissenschaft sie zu den Entdeckungen, auch zu großen, eingenommen hat, die sie doch immerfort korrigierte oder sogar wieder verwarf, nicht aus Oppositionslust, sondern der Notwendigkeit entsprechend.
Jhering. Ja, das verhinderte der Besitzkomplex. Fast das ganze neunzehnte Jahrhundert war auf ein geistiges Besitzgefühl eingestellt. Schiller und Goethe gehörten dem einzelnen. Jeder sprach von Barbarei, wenn die Klassiker nicht so aufgeführt wurden, wie er es sich gedacht hatte. Jeder empörte sich, wenn Verse, die er nicht kannte, gestrichen waren. Jeder hielt die Nation für beleidigt, wenn sein Lieblingsautor zurückgesetzt wurde. Niemand identifizierte sich mit dem Volke: jeder das Volk mit sich.
Brecht. Der Besitzfimmel hinderte den Vorstoß zum Materialwert der Klassiker, der doch dazu hätte dienen können, die Klassiker noch einmal nutzbar zu machen, der aber immer verhindert wurde, weil man fürchtete, daß durch ihn die Klassiker vernichtet werden sollten.
Jhering. Dieser Hochmut wurde durch Schulen und Universitäten genährt. Der deutsche Unterricht auf den Gymnasien betonte den Besitzerorgiasmus. Die Klassiker wurden als literarischer Naturschutzpark gepflegt. Jede Berührung war verboten: jede Grenzregulierung verpönt; jede Umpflanzung wurde bestraft. Was Goethe und Schiller *sagen* wollten, was in Shakespeare-Stükken *vor sich ging*, man wußte es kaum noch, weil man es zu gut wußte, weil man kritiklos nachplärrte, was seit Jahrzehnten gelehrt wurde; weil die Worte ins Ohr und aus dem Mund gingen, dem Klang nach aufgenommen, dem Klang nach zurückgegeben, abgenutzte Tonfolgen, abgegriffene Satzgruppen, wie schlechte Schlagermelodien: „Die schönen Tage von Aranjuez …“, „Ich küsse Ihre Hand, Madame …“.

Bertold Brecht und Herbert Jhering: Gespräch über Klassiker, 1929, S. 146 ff.

M4

Heinz Piontek:

Um 1800

Zierlich der Kratzfuß,
der Landeskinder,

während wer fürstlich
aufstampft.

Gedichtzeilen.
Stockschläge.

Viele träumen,
dass man sie verkauft.

Die Tinte leuchtet.

Deutschlands
klassische Zeit.

Heinz Piontek: Gesammelte Gedichte, S. 176

M1

Der gastliche Goethe

Thomas Mann knüpft in seinem Roman „Lotte in Weimar“ an einen tatsächlichen Besuch von Charlotte Kestner, die in jungen Jahren das Urbild von Werthers Lotte in „Die Leiden des jungen Werthers“ war, an. Er lässt die älter gewordene Charlotte, die nach Bekanntwerden ihrer Ankunft in Weimar von zahlreichen Angehörigen des Kreises um Goethe aufgesucht wird, erst gegen Ende des Romans mit Goethe selbst zusammentreffen, und zwar im Rahmen einer Einladung zu Goethes Mittagstafel.

[...] Die Suppe, eine sehr kräftige Brühe mit Marklößchen darin, hatte ringsherum bereitgestanden, als man seine Plätze einnahm. Der Hausherr brach mit einer Bewegung, die etwas Weiheactartiges hatte, sein Brot über seinem Teller. Er nahm sich im Sitzen viel besser und freier aus denn im Stehen und Gehen; vor allem hätte man ihn sitzend für größer geschätzt, als die aufrechte Haltung ihn zeigte. Aber es war wohl die Situation selbst, der gastgeberisch-hausväterliche Vorsitz bei Tische, der seiner Erscheinung Bequemlichkeit und Behagen verlieh: er schien sich in seinem Elemente darin zu fühlen. Mit großen Augen, in denen es schalkhaft blitzte, sah er in dem noch schweigenden Kreise umher, und wie er mit der Gebärde des Brotbrechens gleichsam die Mahlzeit eröffnete, so schien er das Gespräch anstimmen zu wollen, indem er in seiner bedächtigen, klar articulierten und wohlgeordneten Sprechweise, die diejenige eines in Norddeutschland gebildeten Süddeutschen war, in die Runde sagte:

„So wollen wir den Himmlischen Dank wissen, liebe Freunde, für dies heitere Beisammensein, das sie uns aus so freudig-wertem Anlaß schenken, und uns des bescheidenen, treu bereiteten Mahles erfreuen!“

Damit begann er zu löffeln und alle taten desgleichen, nicht ohne daß die Gesellschaft mit Blicken, Nicken und schwärmerischem Lächeln sich über die Vortrefflichkeit der kleinen Rede verständigt –, untereinander sich gleichsam bedeutet hätte: ‚Was will man machen? Er trifft es immer aufs schönste.‘

Charlotte saß eingehüllt in den Eau de Cologne-Duft, der von der Person ihres Nachbarn zur Linken ausging, und bei dem sie sich unwillkürlich des „Wohlgeruchs“ erinnerte, an dem nach Riemers Worten das Göttliche zu erkennen war. In einer Art von ungenügendem Traumdenken erschien ihr dieser Eau de Cologne-Duft, frisch wie er war, als die nüchterne Wirklichkeit des sogenannten Gottesozons. Während ihr Hausfrauensinn nicht umhinkonnte, festzustellen, daß die Marklößchen tatsächlich „treu bereitet“, das heißt: musterhaft locker und fein von Substanz waren, hielt ihr ganzes Wesen in einer Spannung, einer Erwartung aus, die sich gewissen Regelungen trotzig entgegengesetzte und keineswegs darauf verzichtete, mit ihnen fertig zu werden. In dieser Hoffnung, die näher zu bestimmen schwierig gewesen wäre, fühlte sie sich bestärkt durch ihres Nachbarn behaglich-freies Verhalten als Vorsitzender seines Gastmahls – und wieder beeinträchtigt durch den Umstand, daß sie, wie freilich unvermeidlich, an seiner Seite saß und nicht ihm gegenüber: denn wieviel günstiger ihren inneren Bestrebungen wäre es gewesen, ihn Aug' in Auge vor sich zu haben, und wie sehr hätte es die Aussicht verbessert, daß ihm die Augen aufgingen für ihre sinnreiche Tracht, die das Mittel dieser Bestrebungen war! Sie wünschte sich eifersüchtig an des fröhlich blickenden Werners Stelle, gespannt auf die Anrede, die sie von der Seite zu gewärtigen hatte, da sie ihr doch lieber frontal und bei gerader Sicht begegnet wäre. Aber ihr Tischherr wandte sich nicht besonders an sie, sondern sprach allgemein zur Nachbarschaft, indem er nach einigen Löffeln Suppe die beiden Weinflaschen, die in silbernen Untersätzen vor ihm standen (gegen die beiden Enden des Tisches hin stand auch je ein Paar), eine nach der anderen etwas schräg hielt, um die Etiketts zu lesen.

„Ich sehe“, sagte er, „mein Sohn hat sich nicht lumpen lassen und uns zwei löbliche Herzensstärkungen aufgetischt, von denen die vaterländische es mit der welschen aufnehmen kann. Wir halten fest an der patriarchalischen Sitte des Selbsteinschenkens – sie bleibt dem Kredenzen durch dienstbare Geister und dem preziösen glasweisen Herumreichen vorzuziehen, das ich nicht leiden kann. Auf unsere Art hat man freie Hand und sieht seiner Flasche an, wie weit man's mit ihr gebracht. Wie denken Sie, meine Damen, und Sie, lieber Bergrat? Rot oder weiß? Ich meine: die heimische Rebe zuerst und den Franzen zum Braten, oder, der wärmenden Grundlage wegen, erst gleich von diesem? Ich will für ihn einstehen, – dieser Lafite von achter Ernte geht recht mild ins Gemüt, und ich für meinen Teil verschwör' es nicht ganz, daß ich nicht später noch bei ihm anklopfe, – aber freilich ist der eilfer Piesporter Goldtropfen hier ganz danach angetan, monogame Neigungen zu erwecken, wenn man sich einmal mit ihm eingelassen. Unsere lieben Deutschen sind ein vertracktes Volk, das seinen Propheten allzeit soviel zu schaffen macht, wie die Juden den ihren, allein ihre Weine sind nun einmal das Edelste, was der Gott zu bieten hat.“ Werner lachte ihm nur erstaunt ins Gesicht. Kirms aber, ein Mann mit schmalem, von lockigem grauem Haar bedecktem Oberkopf und schweren Augenlidern, erwiderte:

„Excellenz vergessen, es den schlimmen Deutschen zugute zu rechnen, daß sie Sie hervorgebracht haben.“

Das Beifallsgelächter, das Meyer zur Linken und Riemer schräg gegenüber anstimmten, verriet, daß sie mit ihren Ohren bei dem Gespräch um den Hausherrn, nicht bei ihren Nachbarn waren.
Goethe lachte ebenfalls, ohne die Lippen zu trennen, vielleicht um seine Zähne nicht blicken zu lassen.
„Wir wollen das als einen passablen Zug gelten lassen", sagte er. Und dann erkundigte er sich bei Charlotte, was sie zu trinken wünsche.
„Ich bin des Weins nicht gewöhnt", antwortete sie. „Er benimmt mir zu leicht den Kopf, und nur um der Freundschaft willen nippe ich wohl ein wenig mit. Wonach ich eigentlich fragen möchte, ist die Quelle da." Sie wies mit dem Kopf auf eine der ebenfalls aufgestellten Wasserflaschen. „Was mag es sein?"
„O, mein Egerwasser", erwiderte Goethe. „Ihre Neigung berät Sie ganz recht, der Sprudel kommt mir nicht aus dem Haus, unter allen Nüchternheiten der Erde ist er es, mit dem ich die besten Erfahrungen gemacht. Ich schenke Ihnen ein davon unter der Bedingung, daß Sie doch auch von diesem goldenen Geiste ein wenig kosten – und unter der weiteren, daß Sie die Sphären nicht vermischen und mir kein Wasser in Ihren Wein tun, was eine sehr üble Sitte ist."
Er besorgte an seinem Orte das Einschenken, während weiter gegen die Tischenden hin sein Sohn und andererseits Dr. Ridel das Geschäft versahen. Unterdessen wurden die Teller gewechselt und ein überbackenes Fischragout mit Pilzen in Muscheln serviert, das Charlotte, obgleich es ihr an Eßlust fehlte, sachlich als ausnehmend schmackhaft beurteilen mußte. Gespannt auf alles, von einer still forschenden Aufmerksamkeit erfüllt, fand sie diesen Hochstand der Küche sehr interessant und schrieb ihn den Ansprüchen des Hausherrn zu, besonders da sie, jetzt wie auch später, beobachtete, daß August mit seinen melancholisch versüßten und soviel weniger blickstarken Vater-Augen fast ängstlich fragend zu ihrem Tischherrn hinübersah, besorgt, ob er das Gericht gelungen finde. Goethe hatte sich als einziger zwei von den Muscheln genommen, ließ dann aber die zweite fast unberührt. Daß bei ihm, wie man zu sagen pflegt, die Augen weiter gingen als der Magen, zeigte sich auch nachher bei dem vorzüglichen Filet, das, mit Gemüsen reich garniert, auf langen Schüsseln herumgereicht wurde, und wovon er sich so überreichlich auf den Teller häufte, daß er zuletzt die Hälfte übrig ließ. Dagegen trank er in großen Zügen, vom Rheinwein sowohl wie vom Bordeaux, und sein Einschenken, das wie jenes Brotbrechen jedesmal etwas Ceremonielles hatte, galt vorzugsweise ihm selber. Die Piesporterflasche zumal mußte bald ausgewechselt werden. Sein ohnedies dunkel getöntes Gesicht trat im Laufe der Mahlzeit in noch entschiedeneren Contrast zu der Bleiche des Haars.

Thomas Mann: Lotte in Weimar, 8. Kapitel, 1939, S. 323–326.

M 2

Der gescheiterte Goethe

In Peter Hacks Einpersonenstück „Ein Gespräch im Hause Stein über den abwesenden Herrn von Goethe" spricht ausschließlich die Weimarer Gesellschaftsdame Charlotte von Stein zu ihrem schweigend anwesenden Gatten und erzählt dabei ihre spezifisch weibliche Version des berühmten Verhältnisses zu Goethe.

In der Tat ist Goethe bei allem, was er erstrebte, gescheitert.
Es ist ihm mißlungen, sich in einem Beruf einzurichten. Jeder weiß, daß er seinen Ehrgeiz darein setzte, ein Maler zu werden, und daß er es nicht erreicht hat. Nun ist er am Ende wieder zur Schriftstellerei zurückgekehrt, also nichts geworden. Schließlich Schriftsteller, das ist kein Beruf.
Bei den Frauen war er stets glücklos, und wie dürftige Eroberungen er gemacht hat, erkennt man daran, daß er nie verabsäumt, auf sie hinzuweisen. Ich erinnere mich an einen Brief aus der Schweiz, worin er alle besucht und mir versichert, wie innig sie an ihm, als einem Unvergeßlichen, hängen; übrigens reibt er mir ihre Tugenden unter die Nase, um zu betonen, daß ich deren entrate. Die Liste ist reichlich albern. Ein bis heute unverdorbenes Schäfermädchen namens Friederike, eine hüpfende Muntere namens Lili und, wenn ich ihm glauben wollte, die Branconi, die Kokotte. Es ist unwidersprochen: all diese Tugenden habe ich nicht. Ich habe mit seinen Verflossenen eines gemeinsam: daß ich dem Geschick danke, welches nun auch mich von ihm befreit hat.
Sagen Sie, ist heute nicht Posttag? Es soll nichts zur Sache, es fiel mir nur eben ein.
Seine politischen Ziele, gottlob, widerlegten sich selber. Mir ist recht deutlich, daß er sich mit dem Herzog zusammen vorgenommen hatte, uns Adelige mit der Ehrenlast des Steuerzahlers zu beglücken. Aber unser Fürst hat rechtzeitig erfaßt, daß seine bestgefüllte Kasse sehr wenig sicher stände, wenn er ausgerechnet diejenigen treuen Seelen in den Schuldturm beförderte, die bereit sind, sie gegen den Neid des Pöbels zu verteidigen.
Was Goethen aber die größte Enttäuschung beschert hat, war sein närrischer Ehrgeiz in Betreff auf die menschliche Rasse überhaupt. Wie eifrig war er nicht, sie zur Humanität zu bekehren, nur war die Menschheit nicht ebenso eifrig, ihm zu folgen. Herr von Kotzebue hat hierzu eine sehr treffende Anmerkung beigetragen. Früher, so sagte er, reichte es für uns Deutsche hin, Gemüt zu haben, heute muß es unbedingt Humanität sein. Humanität, was ist das Rechtes? Brauchte das Ding einen lateinischen Namen, wenn es sich fühlen ließe? – Und ich sagte zu Goethe: Geduld, mein junger Freund, der Fortschritt kommt bestimmt, und ich bin überaus froh, dort zu leben, wo er nicht kommt.
So viele Zwecke Goethe also hatte, so viele Gründe hatte er, mit sich unzufrieden zu sein. Um nun seine Eigenliebe nicht in Gefahr zu bringen, hatte er sich für diese Unzufriedenheit eine Ursache zurechtgemacht: das Wetter.
Unter seinen Schimpfworten ist das Wort Wetter das wütendste. Er ist fähig, vom Henker mit Verständnis zu reden, nicht vom Wetter. Er spricht vom entsetzlichen oder vom unerträglichen oder vom thüringischen Wetter, aber es bedarf dieser verdammenden Schmucknamen nicht, das Wort Wetter allein sagt schon alles. Es wird nur von einem einzigen, noch tödlicheren Fluch übertroffen, dem Wort Jahreszeit. Dieser Unchrist, der an keinen Teufel glauben will, glaubt statt an denselben ans Wetter, und es gibt gar keinen Unterschied; vom Wetter nämlich hat er beschlossen, daß es an allem schuld sein muß. Der Himmel Weimars ist seine Hölle. Das Wetterglas ist sein Kruzifix, vor ihm verrichtet er seine Andacht.
Im November ist es das neblige Wetter, im Dezember das stürmische, im Januar das strenge, im Februar das feuchte, im März das unvollkommene, im April das launische, und so geht es immer fort. „Bei solchem Himmel", sagt er, „ist mir selten recht wohl, Sie wissen es, liebe Frau"; ich habe die Stube heizen müssen wie einen Backofen; wir schreiben Juni. Er langweilt mich einen vollen Abend mit Kopfhängerei; – „Sie müssen heute Nachsicht mit mir üben, Lotte, in diesen Monaten macht mich das Wetter zu manchem Guten untüchtig"; es handelt sich um den Juli oder den August. Ich sehe die herrlichste Sonne scheinen, aber ich habe Nachsicht zu üben.
Ich bin eine kranke Frau, Goethe ist ein kräftiger Mann, dem Zeit seines Lebens nie etwas gefehlt hat. Ich würde mir, geplagt, wie ich bin, nicht gestatten, mich auf einen kleinen Regenschauer oder den Föhnwind herauszureden. Es zeugt von unglaublich wenig Haltung, es ist ein mehr als unstatthaftes Sichgehenlassen. Es ist der Ausdruck eines nicht zur innern Stimmigkeit gediehenen Gemütes, das den eigentlichen Quell seiner Mißgelauntheit vor sich selbst geheimhält, daher diese, wie das in solchen Fällen sich gewöhnlich beobachten läßt, in verwandelter Form umso ungehemmter hervorbricht. Oder, wie unsere liebe Göchhausen einmal mit so treffender Spitze fallen ließ: Er glaubt, seine Stimmung richte sich nach dem Wetter. Die Wahrheit ist natürlich, daß sich das Wetter nach seiner Stimmung richtet.

Ja, Stein, so war das Scheusal beschaffen, das ich aus dem Seelengrund liebte. Er war leer im Herzen, zerstört im Sinn und zerstörerisch in allem seinen Trachten. Ich wollte ihn mir erhalten. Ich wollte, daß er mein sei, solange ich das wünschte, und daß ich es sei, der, wenn es genug war, ihm den Abschied gab. Wie kam, daß es mir gelang? Wie ging zu, daß ich diese wunderbare Leistung vollbrachte? Nun, ich weiß die Erklärung. Mich rettete der Abscheu vor seinem Geschlecht. Die Angst, die ich vor ihm hatte, machte mich zum Sieger über ihn; meine Flucht erwies sich als der einzig wirksame Angriff.

Hätte ich Goethe vertraut, er hätte mich gefressen und ausgespien. Ich wies ihn zurück und sah, wie in diesem Mann, der nicht lieben konnte, eine Art Eifer entstand, sich meiner zu bemächtigen.

Halten Sie eine Sekunde inne, mir scheint, ich höre die Post. So, das ist Einbildung?

Ja, ich hatte seither reichlich Gelegenheit, die Ordnung der Griffe auszuarbeiten, mittels deren der Mann sich an die Kette legen läßt. Da er, außer zu den gemeinsten Trieben, zu keiner Empfindung fähig ist, muß die Frau sich zu seiner Aufgabe machen. Einer Aufgabe kann er nicht widerstehen. Seine männliche Natur befiehlt ihm, dieselbe, um den Preis seiner Selbstachtung, zu lösen. Bleibt die Frau standhaft, wird der Mann leiden: keineswegs an Liebesqual, umso mehr aber an seiner Unzulänglichkeit. Er beschäftigt sich nach einer gewissen Zeit überhaupt nicht mehr mit der Frau, sondern lediglich mit sich selbst. Er liebt nicht das Weib, welches sich ihm widersetzt, sondern das Leid, welches sie ihm zufügt, und die Liebe zu Leiden ist die einzige Art Liebe, die von Dauer ist.

Gleich am Anfang hat mir Goethe eins von seinen Gedichten geschickt. Es ist übrigens inzwischen gedruckt, gar nicht ohne Beifall.

„Der du von dem Himmel bist,
Alle Freud und Schmerzen stillest,
Den, der doppelt elend ist,
Doppelt mit Erquickung füllest.
Ach ich bin des Treibens müde!
Was soll all die Qual und Lust.
Süßer Friede,
Komm ach komm in meine Brust."

Das habe ich nicht nur einmal gelesen; Sie bemerken ja, ich habe den Wortlaut behalten. Man soll freilich bei Schriftstellern grundsätzlich nicht hinhören. Sie sagen, was sie wollen. Ob es die Wahrheit ist, die sie vorbringen, oder nicht, sie drücken es gleich gut aus; aus ihren Redensarten ist nichts zu entnehmen.

Aber hier das, das spürte ich, das war echt. Das endlich kam aus dem Kern. Dieser Götterliebling, der alles zu haben schien, was ein Mensch besitzen kann, brauchte doch eines: Herzensfrieden, und mein Entschluß stand auf der Stelle fest: den darf er mir niemals bekommen.

Peter Hacks: Ein Gespräch im Hause Stein über den abwesenden Herrn von Goethe, 1978/Auszug. © Edition Nautilus, Hamburg 1998

A2

Einleitung

Unterricht am Gymnasium stellt seit den achtziger Jahren wieder verstärkt historische Gesichtspunkte und historisches Bewusstsein in den Vordergrund. Das betrifft fast alle, aber besonders die geisteswissenschaftlichen Fächern. Die Lehrpläne der Bundesländer weisen dies in unterschiedlicher Akzentuierung aus.

Für einen zeitgemäßen Deutschunterricht bedeutet das, dass – nach gezielter Vorarbeit in der Mittelstufe – Texte in der Oberstufe immer auch unter dem Aspekt ihres geschichtlichen Rangs betrachtet werden und dass außerdem literarische Epochen zwischen dem Mittelalter und der Gegenwart in Grundzügen vermittelt werden.

Das ist ein problematisches Arbeitsfeld des Deutschunterrichts. Lehrer haben es schwer, den Abstand zwischen ihrem eigenen Wissenshintergrund und der naturgemäß viel geringeren Kenntnis der Schüler zu überbrücken. Viele aus der Sicht des Lehrers erhellende Hinweise auf parallele Erscheinungen usw. gehen deshalb ins Leere, weil ein entsprechendes Bezugsfeld bei den Schülern nicht entwickelt ist.

Dieses Problem kann nicht durch den billigen Ausweg einer vorwiegend **darbietenden** Unterrichtsweise gelöst werden, weil Schüler dabei in eine einseitig rezeptive Rolle gedrängt würden. Im Rahmen eines konsequent **erarbeitenden** Unterrichts oder auch eines **Projektunterrichts** helfen weiter:

- das **Prinzip der Problemorientierung**, indem es die einzelnen Erscheinungen einer Epoche in Problemzusammenhänge stellt und dadurch den inneren Zusammenhang, den „übergreifenden Geist“ der Epoche sichtbar macht, dem Gedächtnis der Lernenden eine Stütze gibt, Anlässe zu weiteren Klärungen und Ergänzungen schafft,

- eine **fächerverbindende Perspektive**, weil sie der Einbettung literarischer Tendenzen in die Kultur und Lebensformen ihres Zeitalters gemäß ist, Schülern überraschende Zusammenhänge erschließt und zu integrativem Lernen beiträgt.

Die vorliegende Zusammenstellung von Texten und bildlichen Darstellungen versucht eine solche Erschließung der klassischen Literatur zu erleichtern, indem sie

- Klassik in ihren geistigen Positionen wie in ihrer Fragwürdigkeit aus heutiger Sicht präsentiert,

- problemorientierter Betrachtung durch die häufige und gezielte Gegenüberstellung kontroverser Auffassungen vorarbeitet,

- kunstgeschichtliche und kunstästhetische, philosophische sowie allgemein kultur- und ideologiegeschichtliche Gesichtspunkte einbezieht.

Die Arbeitsblätter können im Unterricht auch einzeln als Bausteine innerhalb von Unterrichtseinheiten mit sehr verschiedenen Akzentsetzungen benutzt werden; vor allem können sie ergänzend zur Analyse bedeutender Einzeltexte herangezogen werden, etwa den – jeweils unter einem bestimmten Aspekt beleuchteten – zentralen Werken „Faust“, „Wallenstein“, „Iphigenie auf Tauris“ und „Wilhelm Meisters Lehrjahre“.

Das Begriffsfeld Klassik

Die Arbeitsblätter 1–4 zeigen, wie und mit welchen Bedeutungen die Begriffe „Klassik“ und „Klassizismus“ heute gebraucht werden, wie sich Klassizismus in einigen typischen Werken der Skulptur, Malerei und Architektur ausprägt, wie Goethe und Schiller selbst ihr Schaffen sehen und den Begriff des Klassischen verstehen, welche Gesichtspunkte schließlich die heutige Sicht der Klassik bestimmen.

A 1

M 1
Der Wörterbuchtext informiert bündig über die Begriffe „Klassik“/„Klassizismus“ und ihre Ableitungen; Begriffsnuancen werden besonders gut in den Belegen (etwa „die klassischen Merkmale der Automaten“!) deutlich. Schüler können hierzu eigene weitere Beispiele finden.

A 2

M 1
Canova stellt Napoleons Schwester in diesem Auftragswerk in zeittypisch übertragender (wenn auch sparsamer) Kostümierung als antike Venus mit dem (von Paris als Schönheitspreis zuerkannten) Apfel dar. Kennzeichnend für den klassizistischen Stil sind die formale Reinheit, aber auch die erstarrt wirkende Pose (Hände!).

M 2
David, repräsentativer Meister der klassizistischen Malerei, gestaltet die antike Sage mit großer, fast zu Unlebendigkeit führender Formstrenge. Die statuarische Bildordnung wird durch die beherrschenden waagerechten und senkrechten Linien betont, die Körper werden nur streng von vorne oder von der Seite gezeigt, die Köpfe (bis auf den Amors) nur von vorne. – Variation: Davids berühmtes Bild „Der Schwur der

Horatier“ (1785, Louvre). Im Unterricht kann hier der Zusammenhang zu dem auf H. Wölflin zurückgehenden kunst- und literaturästhetischen Begriff der „geschlossenen Form“ hergestellt werden!

M 3/M 4
Gezeigt wird Hebe jeweils mit den Attributen Vase und Schale, bei Sonnenschein zusätzlich mit dem Adler Jupiters. Bezeichnender Unterschied zwischen frühem und reifem Klassizismus: sinnliche Anmut und fast noch rokokohaft bewegte Lebendigkeit bei Sonnenschein, ruhige Strenge und fast schon ausdruckslos statische Harmonie bei Thorvaldsen, der sich auch auf die typischen symbolischen Requisiten beschränkt.

M 5/M 6
Für Schinkels wie überhaupt für klassizistische Bauten ist der Rückgriff auf antike Elemente wie Säulenreihe, Portikus, Giebel typisch, in der Ausführung besonders die strenge Betonung der Waagerechten und die symmetrische, stufenweise Durchgestaltung der Baukörper mit dem Effekt monumentaler Wirkung.

A 3

M 1/M 2
Der Text „Die Natur“, dessen genaue Entstehung und Autorschaft nicht völlig geklärt ist, spiegelt Goethes Naturauffassung im Übergang von der unruhig-irrationalen Dynamik der noch vom Sturm und Drang geprägten Auffassungen (Freude am Charakteristischen und Regellosen) zu dem Bemühen um eine Bündelung der verwirrenden Vielfalt des Individuellen in einer übergreifenden Gesetzlichkeit. Der alte Goethe erkennt die „damalige Einsicht“ noch an, überhöht sie aber durch die inzwischen erkannten Gesetze „Polarität“ und „Steigerung“.

M 3/M 4
Die beiden Texte Schillers und Goethes messen die zeitgenössische deutsche Wirklichkeit an den Voraussetzungen, die für den repräsentativen Rang eines gültigen bzw. klassischen Autors gelten: Überhöhung des Individuellen (vgl. M 1/M 2) zum Menschheitlichen, Einbettung in ein kultiviertes, verständnisvolles Publikum. Zu Schillers Forderung nach Wiederherstellung des „ganzen Menschen“ durch die Dichtkunst vgl. Korffs Auffassung (A 4, M 2).

M 5
Zum Verständnis der brieflichen Bemerkung von Goethes Mutter, dargeboten in der ihr eigenen krausen Orthographie, muss der Zusammenhang beachtet werden. Goethes Mutter befürchtet, dass durch die „Lateinischen Lettern“ schließlich die deutsche Sprache außer Gebrauch kommen könnte. Die Voraussage „du und Schiller Ihr seid hernach Classische Schrieftsteller“ drückt also gerade keine unangefochtene Rangsteigerung aus, sondern meint den Verlust des Bezugs zum gegenwärtigen Publikum – „classisch“ meint hier soviel wie „antik“ – im Sinne von „verjährt“ oder gar „tot“!

M 6
Goethes berühmte ablehnende Äußerung zur Romantik. Ausgehend von seiner Wertung des Klassischen als des „Gesunden“ erscheint die Ausdehnung des Begriffs auf Werke vieler Epochen folgerichtig (vgl. Bedeutungsvarianten in A 1, M 1).

A 4

M 1/M 2
Zwei bezeichnende Stimmen der älteren Forschung, deren verschiedene Akzentsetzungen dem forschungsgeschichtlichen Standort der Autoren entsprechen: Strich betrachtet Klassik und Romantik stiltypologisch und findet eine griffige Gegensatzformel. Sie ist historisch sehr einflussreich geworden, trifft tatsächlich bezeichnende Verschiedenheiten und entgeht nicht der Gefahr einer zu plakativen Einteilung sehr unterschiedlicher Erscheinungen. Für Korff, den geistesgeschichtlich Wertenden, liegt das Grundanliegen der Klassik in der Ganzheitlichkeit des Menschen (Weiterführungen: A 12, M1; A 18, M 1/M 2).

M 3–M 6
Gibt es eine „Deutsche Klassik“ überhaupt, oder ist die Annahme einer Literaturepoche dieses Namens eher als obsolet zu betrachten? Die Frage muss heute als offen gelten; in den abgedruckten Diskussionsbeiträgen aus den letzten Jahren werden die Vorbehalte (Schmalheit der gesellschaftlichen Basis der Weimarer Klassiker, geringe Zahl der Autoren, ideologisierende Überhöhung in der Vergangenheit, Beschränktheit auf die deutsche Perspektive) benannt, wird aber auch die praktische Unentbehrlichkeit eines zumindest „in Gänsefüßchen“ gebrauchten Klassik-Begriffs betont. Schülern sollte an solchen Auseinandersetzungen deutlich werden, dass literarische Epochen kein erstarrter und fest portionierter, so und nicht anders gültiger Lehrstoff sind, sondern komplexe begriffliche Orientierungshilfen, die auf Konvention beruhen, der Diskussion unterliegen und grundsätzlich verändert werden können.

Antike als Modell

Die Arbeitsblätter 5 bis 8 zeigen, wie sich der bürgerlichen Existenz der klassischen Künstler eine virtuelle antike Existenz überlagert, wie das Erlebnis südlicher, antik geprägter Landschaft, Kunst und Lebensform in die klassischen Anschauungen und Werke eingeht, wie die Vermittlung der griechischen Kunstwerke in den Kult einer in bestimmter Weise interpretierten Antike umschlägt, wie schließlich die Rolle des Künstlers als Bewahrer, Verkünder und Wiederhersteller vergangener Größe gesehen wird.

A 5

M 1–M 10
Gegenübergestellt sind Porträts von fünf wesentlichen Autoren der klassischen Zeit, zum einen in ihrer normalen bürgerlichen Erscheinungsform (der Hofprediger Herder, der Ministerialbeamte Humboldt usw.), zum anderen in griechisch-antiker Stilisierung (idealisierte und geglättete Gesichtszüge, typisiertes Gewand usw.): Klassiker als Bürger zweier Welten!

A 6

M 1
Die naive Annahme, das antike Griechenland sei so gewesen, wie es sich die Klassiker unter Winckelmanns Einfluss vorstellten, wird von Friedell pointiert infrage gestellt. Für Schüler ist die Erkenntnis wichtig, dass literarische Epochen, wenn sie sich im Rückgriff auf vergangene Zeiten definieren, dies immer durch ihre eigene, immer parteiische und oft verfälschende Interpretation der Vergangenheit tun, wobei gerade im „Irrtum" das Eigene zum Vorschein kommt (vgl. verklärtes Mittelalterbild der Romantiker).

M 2–M 4
Goethes Begegnung mit der südlichen Welt während seiner Italienreise 1786–87 wird an zwei Texten und einer bildlichen Darstellung dokumentiert; zum Verständnis wichtig ist dabei, wie Natur und Kunst Italiens durchgehend als polare Ergänzung einer bisher geführten, mehr und mehr als trübselig und eingeengt erfahrenen nordländisch-hypochondrischen Lebensweise erlebt werden.

M 5
Symbolische Ausgestaltung erfahren solche Polaritäten (Süden–Norden; aber auch Antike – Mittelalter, Frau – Mann, Schönheit – Geist) auf dem Höhepunkt des II. Teils des „Faust". Fausts Begegnung mit Helena gestaltet das sprachlich, indem sie von ihm den Reim (als Endreim ja erst ein Versmittel der nachantiken Welt!) lernt. So wird der „Einklang" symbolisch hergestellt, der später zu dem gemeinsamen Sohn Euphorion führt. Aber: Dies bleibt im „Inneren Burghof", kann als Produkt der poetischen Spekulation die Sphäre der Innerlichkeit nicht überschreiten.

A 7

M 1–M 5
Schon 1755 prägte Winckelmann in seinen „Gedanken über die Nachahmung..." die berühmt gebliebene Formel von der „edlen Einfalt" und „stillen Größe", die das klassizistische Schönheitsideal zusammenfasst. Konsequenz ist, dass der Künstler danach Affekte nur gedämpft darstellen soll. Winckelmann zeigt dieses Prinzip am Kopf des Laokoon (allerdings ist die Laokoon-Gruppe ebenso wie der Apollo vom Belvedere keineswegs ein Werk der klassischen Blüte-, sondern der hellenistischen Spätzeit; auch im zweifelhaften Überblick über die Einordnung der erhaltenen griechischen Kunstwerke, der Winckelmann zu Gebote stand, zeigt sich die schöpferische Kraft des Irrtums (vgl. Kommentar zu A 6, M 1).

M 6
Humboldt bereichert die klassische Auffassung später in seiner Begründung vom „vierfachen Genuß des Alterthums", indem er den Ausgleich zwischen Individuellem und Idealem, „Individualität der Wirklichkeit" und „Reinheit der Idee" betont.

M 7
Schillers langes Gedicht „Die Götter Griechenlands" von 1788 ist neben Goethes „Iphigenie auf Tauris" (endgültige Fassung 1787 erschienen) der Durchbruchstext für die Entstehung des Kults der Antike in Deutschland. – Für den Unterricht sollten die vielen notwendigen Worterklärungen nicht nur als Mühe in Kauf genommen werden; Schüler können daran auch erkennen, was ein Lyriker des späten 18. Jahrhunderts einem gebildeten Publikum zumuten und welche mythologischen Kenntnisse er voraussetzen konnte! Klassische Lyrik ist hier – anders als etwa in den Balladen – ganz prononciert Bildungsdichtung.

M 8
Schillers berühmter Brief an Herder bestätigt die auch sonst nahe liegende Deutung des Antikenkults als bewusste Abwendung von der prosaischen Gegenwart und damit als Reflex auf eine als freudlos und armselig erfahrene bürgerliche Lebensform im kleinstaatlich geordneten Deutschland (vgl. Engels' Sicht, A 21, M 2).

M 9
Nahrung erhielt der Griechenkult durch den Freiheitskampf der Griechen 1821–29, der zur „philhellenischen Bewegung" und zu einer europaweiten „Gräcomanie" führte; bis in die Alltagskultur (Tapeten-Darstellung der griechischen Kämpfe!) drang diese Mode.

M 10/M 11
Zwei Darstellungen zeigen kontroverse Reaktionen von Künstlern auf das plötzlich sichtbar gewordene übermächtige Vorbild der Antike: Bei dem Schweizer Füßli verhüllt der Gegenwartskünstler sein Haupt vor den noch als Fragment einschüchternd überdimensionalen Werken der Antike; daneben lässt sich das Bild auch als augenzwinkerndes Spiel mit dem Namen des Künstlers verstehen. Ganz anders der schwäbische Klassizist Koch: Erschreckt von einem fuchtelnden Popanz aus allen barocken Künsteleien und geschmacklosem Zierat (dessen Schleppenträger mit den Insignien Apolls die Züge des damaligen Stuttgarter Leiters der Kunstakademie A. F. Harper trägt) wendet sich der Künstler hier entschlossen der schlicht auftretenden Muse zu, die für die „Imitatio“, die Nachahmung der antiken Vorbilder steht. – Antikes Vorbild als Einschüchterung und Ansporn!

A 8

M 1
Es gehört zu den Grundüberzeugungen der Klassik, dass dem Künstler und besonders dem Dichter eine einzigartige Verantwortung für die Menschheit zukommt. Bezeichnend dafür ist Schillers Forderung (vgl. A 3, M 3 und A 7, M 8), dass in der Verderbnis der Gegenwart dem Künstler die Aufgabe zukommt, als Vorkämpfer der Menschheit „das Ideal zu erzeugen“. Der Textauszug ist noch in weiterer Hinsicht repräsentativ für Schiller und die Klassik schlechthin: Inhaltlich ist er es durch die geschichtsphilosophische Auffassung, nach einer frühen Blütezeit folge eine Phase des Niedergangs, bis endlich – und zwar nicht als Rückwendung, sondern auf höherer Stufe – wieder Harmonie erreicht werde (vgl. Schiller: Über naive und sentimentalische Dichtung, 1795f.; Kleist: Über das Marionettentheater, 1810). Stilistisch ist er es durch die anspruchsvolle, reiche Metaphorik und den komplizierten, aber durch Stilmittel wie Parallelismen und Antithesen wohlgegliederten Bau der Sätze.

M 2/M 3
Zwei bekannte und bedeutende klassische Gedichte, die in den antikisierenden Formen der Elegie (Schiller) und der alkäischen Ode (Hölderlin) der Rolle des Dichters höchste Bedeutung zusprechen: Für Schiller besteht angesichts der Todverfallenheit selbst des Vollkommenen Verewigung im Klagelied, also durch den Dichter; für Hölderlin, der gleichfalls die Todeserwartung anspricht, bleibt dann das „Heilge“, das Gedicht (gemeint ist wohl, wenn man das Gedicht legitimerweise nicht nur überpersönlich versteht, Hölderlins damaliges Projekt „Der Tod des Empedokles“). Beide Gedichte sind ausdrucksvolle Sprachkunstwerke, die die jeweils gewählte antike Versform organisch in deutscher Sprache lebendig werden lassen (z. B. die inhaltlichen Entsprechungen zu dem „fallenden“ Sprachgestus am Versschluss der Pentameter in „Nänie“).

Ideenbestimmte Wirklichkeit

Die Arbeitsblätter 9–13 zeigen, wie sich die idealistische Weltauffassung der Klassik in verschiedenen Bereichen des Denkens und Schaffens zeigt: als ideenbestimmte Darstellung der Geschichte auf der Bühne, im philosophischen Ansatz des deutschen Idealismus, in der Vermittlung zwischen Idee und Erfahrung bei Goethe und Schiller, in der Auffassung des Männlichen und Weiblichen, schließlich in der lyrischen Formulierung des Zeitlosen im Vergänglichen.

A 9

M 1–M 4
Bildliche Darstellung und Texte zu „Wallensteins Lager“ sind so ausgewählt, dass sie an eine Unterrichtseinheit zu Schillers „Wallenstein“ als Ergänzung unter neuem Aspekt angeschlossen werden können. Dieser Aspekt ist die verborgene Ordnung im scheinbar so krausen Gewühl des auf die Bühne gebrachten Soldatenlagers. Hebbel weist in seinen Notizen darauf hin, im Bühnenbild (Auftrag für Schüler: Wie weit sind hier Goethes „Regeln für Schauspieler“, A 15, M1, erfüllt?) wird zumindest in der Gruppenanordnung ein Kräftespiel erkennbar. Das „Lager“ hat aber auch in der hierarchisch gestuften Anlage der gesamten Trilogie eine bedeutsame Basisfunktion. Was bedeutet es für deren Sinngefüge, wenn die Lagerszenen auf das ganze Stück verteilt werden? Mit welchen Bedeutungsverlagerungen wird hier „Modernisierung“ erkauft? Dazu die beiden Texte zu Heymes spektakulärer Inszenierung aus der Sicht des Produktionsteams und des Zuschauers.

A 10

M 1/M 2
Kants Text eignet sich dazu, am Beispiel der Zeit exemplarisch zu zeigen, welche umwälzend neue Deutung Kant den Kategorien der Wahrnehmung, aber auch des Denkens gibt. Was er am Beispiel der Zeit entwickelt (empirische Geltung, aber keine vom Subjekt der Erfahrung unabhängige absolute Realität!), gilt entsprechend auch von Raum und Kausalität. Grundpositionen, aber auch wichtige Begriffe von Kants Erkenntnistheorie (a priori – Ding an sich/Ding überhaupt) können so eingeführt werden. Besonders eindrucksvoll ist Kleists Übertragung ins Bildliche; sie macht die Denkerschütterung deutlich, die Ende des 18. Jahrhunderts von der „kopernikanischen Wende“ durch Kants Philosophie ausging.

M 3
Der „Kategorische Imperativ", ein Höhepunkt von Kants Ethik in der „Kritik der reinen Vernunft", formuliert besonders einprägsam das beherrschende, rein formale, von empirischen Bedingungen freie und deshalb unbedingt gültige Kriterium der Generalisierbarkeit, das für menschliches Handeln gilt; besonders von Schiller in seinen Konsequenzen durchdacht und zur Deutung von Auseinandersetzungen seiner Dramenfiguren (etwa: Wallenstein – Max Piccolomini) wichtig.

M 4
An ganz versteckter Stelle seines philosophischen Werks gibt Hegel hier (in den beiden ersten Sätzen) eine schlagend bündige Bestimmung dessen, was den Idealismus im Kern ausmacht; für Schüler sehr einprägsam!

A 11

M 1/M 2
Goethe, der der spekulativen Philosophie eher skeptisch gegenübersteht, sucht bei seinen naturwissenschaftlichen Studien die Gesetze, die die Wirklichkeit prägen, auf empirischem Weg zu entschlüsseln; während der Italienreise ist er immer wieder der Metamorphose der Pflanzen und damit der von ihm angenommenen „Urpflanze" auf der Spur.

M 3
Goethes Begegnung mit Schiller am 20. Juli 1794, von der eine zehnjährige fruchtbare Zusammenarbeit bis zu Schillers Tod ausgeht (das eigentliche „klassische Jahrzehnt" 1795–1805), fügt den bisher bestehenden Gegensatz zwischen dem eher theoretisch-spekulativen Schiller und dem konkretionsbedürftigen Goethe zu einer spannungsvollen, von beiden als wertvolle Ergänzung der je eigenen Wesensart erkannten Polarität zusammen; dies schildert Goethe später als „Glückliches Ereignis"; ergänzend dazu können besonders Schillers Brief an Goethe vom 23.8.1794 und Goethes Antwort vom 27.8.1794 herangezogen werden.

A 12

M 1–M 3
Der Gedanke der Polarität als fruchtbare Ergänzung von Gegensätzen bestimmt auch die klassische Geschlechterphilosophie, wie sie W. v. Humboldt vertritt. Aus demselben Jahr stammt Schillers Gedicht „Würde der Frauen", das ähnliche Auffassungen vertritt, heute aber eher als eine philiströs verstiegene Variante, fast wie eine unfreiwillige Parodie wirkt – und tatsächlich oft parodiert worden ist (u. a. schon von A. W. Schlegel). Im Unterricht könnte die Konfrontation der beiden Texte dazu beitragen, die ernste Frage nach der Wesensart der Geschlechter nicht nur bierernst zu diskutieren. Auch Goethes „Iphigenie" ist die klassische Anschauung vom Wesen der Geschlechter eingeschrieben und eine sehr andere, geradezu emanzipatorisch vertretene „Würde der Frauen" drückt sich in Iphigenies entscheidendem Monolog (V, 3, 1892 ff.) aus. Der Mann erscheint hier als destruktives Wesen; dagegen ist die Frau nicht nur zurückgezogen Leidende, sondern auch Bewahrende und in sich Ruhende und insofern einzig „Friedensfähige". Eignet sich Iphigenie womöglich als Kronzeugin heutiger feministischer Anschauungen?

A 13

M 1/M 2
Beide Gedichte, repräsentativ für die klassische Lyrik, kreisen um den Kerngedanken, dass der Mensch in der Flucht des Vergänglichen nur auf den Augenblick verwiesen bleibt; indem dieser aber (und zwar durch das Medium der Kunst) symbolisch festgehalten wird, scheint das Überzeitliche darin auf. Die letzten beiden Verse von Schillers Gedicht könnten als Motto für Größe und Fragwürdigkeit klassischer Weltsicht stehen (vgl. A 7, M 8); eine Variation in Goethes Werk bietet sein großes Altersgedicht „Vermächtnis" (1829).

Stilisierte Natur

Die Arbeitsblätter 14 – 16 zeigen, welche Auffassungen vom Stil und vom Schönen die Klassik entwickelt, zu welchen Formen der Idealisierung und Stilisierung die klassizistische Darstellungspraxis gelangt, wie schließlich in den zentralen Werken „Faust" und „Wallenstein" die Selbstbeschränkung der klassischen Stilwelt zugunsten einer breiten und vielfältigen Weltdarstellung überschritten und in gewisser Weise überwunden wird.

A 14

M 1
In seiner kunstvoll dialektisch zuspitzenden Darstellung der Überwindung des Gegensatzes Natur/Kunst bis hin zu der programmatischen Formulierung des letzten Verses mit seiner scheinbaren Paradoxie spricht das Sonett eine klassische Grundüberzeugung aus – und verwirklicht sie zugleich in seiner formalen Gestaltung: Dem inhaltlichen Klärungsprozess vom „Widerwillen" bis zu seiner Aufhebung in freier Gesetzlichkeit entspricht der formale Konzentrationsprozess von den Quartetten bis zu den knapperen Terzetten; die Deckung von Vers- und Satzordnung führt dabei zu gemeißelter Monumentalität.

M 2/M 3
Die klassische Stiltheorie hat sich um die Bestimmung der Gesetzmäßigkeiten, nach denen Natur in Kunst transponiert werden soll, mehrfach bemüht. Gültige Form hat das in Goethes (hier auf den definitorischen Teil verkürztem) Aufsatz von 1788 gefunden. Stil ist danach die höchste dreier Darstellungsstufen, ebenso frei von ausschließlicher Führung durch das Stoffliche des Dargestellten wie von Eigenarten des Darstellenden; insofern dem „Wesen der Dinge" nahe. Schiller schließlich entwickelt in den „Kallias-Briefen" seine Bestimmung des Schönen und erläutert sie anschaulich. Besonders interessant ist der Hinweis auf die gesteigerte Schönheit einer „zusammengesetzten Vollkommenheit"; er könnte den Vorrang komplexer Werke mit großer Breite der Weltdarstellung (vgl. A 16) gegenüber in sich perfekten, aber beschränkten kleineren Werken begründen.

A 15

M 1
Goethes „Regeln für Schauspieler" aus der Zeit seiner Verantwortlichkeit für das Weimarer Hoftheater sind ein Dokument klassizistischer Kunstgesinnung (und als solches z. B. im III. Akt von Hauptmanns „Ratten" Objekt einer satirischen Attacke aus naturalistischem Geist geworden). Ein rituelles Regelsystem soll hier die „missverstandene Natürlichkeit" zurückdrängen; Wahrheit wird nur in der stilisierten Form des „Schönen" erstrebt.

M 2–M 5
Die Schauspielerin Theresa Bandettini trat als Stegreifrezitatorin mehrfach im Salon der bedeutenden klassizistischen Malerin Angelika Kauffmann in Rom auf; das Porträt zeigt sie in einer typisierten Pose, die ebenso wie der Lorbeerkranz und die Kostümierung im antikischen Empire-Stil Rückschlüsse auf das Stilisierte der Darbietungen erlaubt. Antike Stoffe wurden im späten 18. Jahrhundert oft in der künstlerischen Form der „Attitüde" oder der „lebenden Bilder" auf die Bühne (oder in die Salons) gebracht; die Darstellerinnen Esther Charlotte Brandes, Henriette Hendel und vor allem Lady Emma Hamilton wurden europäische Berühmtheiten. Charakteristisch für die „Attitüden" waren Beschränkung auf ineinander übergehende dramatische Grundsituationen des vorgeführten Mythos und auf pantomimische Körpersprache ohne gesprochenen Text, historisch echte Kostümierung, Verbindung von statuarischer Ruhe und gedämpfter Bewegung. Die Nähe solcher Darstellungsformen zu klassizistischer Kunstgesinnung liegt auf der Hand!

A 16

M 1–M 3
Goethe weist in seiner Äußerung zu „Faust" die Ansicht zurück, es handle sich dabei um die künstlerische Einkleidung einer allem zugrunde liegenden Idee, betont die bunte Breite und Mannigfaltigkeit seiner Dichtung und fordert dazu auf, sich unbefangen „den Eindrücken hinzugeben". Die beiden Urteile über „Wallenstein" versuchen das Umfassende der Weltdarstellung in Schillers Trilogie zu formulieren – geeignete Textzeugnisse für eine wiederholende Durchsicht des Werks unter neuem Aspekt (vgl. A 9)!

Bildung und Sprache

Die Arbeitsblätter 17–19 zeigen, wie sich das Interesse der Klassik an der Vervollkommnung des Menschen in der fiktionalen Form des Bildungsromans ausdrückt, wie es sich im Ideal der Humanität und im Konzept einer auf die wechselseitige Durchdringung von Ich und Welt abzielenden Bildungstheorie niederschlägt und welche neue Rolle dabei der Sprache als dem Werkzeug des menschlichen Geistes zuerkannt wird.

A 17

M 1–M 3
Goethes Bildungsroman „Wilhelm Meisters Lehrjahre" von 1795–1796 ist bis hin zu Thomas Manns „Zauberberg" traditionsbildend geworden. Über Fehlversuche hinweg vollzieht sich mit Wilhelm eine Ausbildung der Individualität, die auf Selbstbeschränkung in der Gemeinschaft aufbaut, und zwar unter der zunächst verborgenen Leitung einer geheimen Turmgesellschaft. Im Kapitel VII, 9 tritt diese aus dem Dunkel heraus und übernimmt eine direktere Führung (Lehrbrief!). Durchgehende Vorstellungen von Goethes Bildungsdenken klingen an, etwa die von der Notwendigkeit des Umwegs und des Irrtums auf dem Weg zur Wahrheit. Schiller, der Goethe noch während der Entstehung des Werks beriet, hat Wilhelms Weg optimistisch als Entwicklung zu einer „endlosen" Vollkommenheit gedeutet; dagegen setzt der Philosoph und Nietzscheforscher Schlechta, ausgehend von dem merkwürdigen Widerspiel von Fremd- und Selbstbestimmung Wilhelms und der in der Tat seltsam pseudoreligiösen Einkleidung der „Initiationsszene", deutlich skeptische Akzente.

A 18

M 1/M 2
Die Theorie der klassischen Bildungsidee haben – neben Schiller – besonders Herder und Humboldt bestimmt: Herder, indem er Humanität als einen dem Menschen eigentümlichen, aber ihm nicht einfach gegebenen, sondern ihm aufgegebenen Zustand darstellt; Humboldt bringt in seiner kurzen, aber grundlegenden Schrift mehrere klassische Überzeugungen auf den Begriff: Bildung als eine Formung des ganzen Menschen über die Aufsplitterung in Einzelgebiete hinweg; Bildung vor allem nicht als Kultivierung des Selbst im luftleeren Raum, sondern in beständiger „Wechselwirkung" mit der umgebenden Welt. Die Nähe zu den fiktionalen Gestaltungen im Bildungsroman liegt hier auf der Hand und sollte im Unterricht herausgestellt werden. Zur weiterführenden Diskussion eignet sich Max Horkheimers bekannte Frankfurter Immatrikulationsrede zum „Begriff der Bildung" von 1952 (Frankfurter Universitätsreden, H. 8, Frankfurt/M. 1953), die den traditionellen idealistischen Bildungsbegriff wegen seiner Tendenz zur bloßen Verinnerlichung angreift. Ein Vorwurf, der wohl mehr die Ideologisierungstendenzen im 19. Jahrhundert als die klassischen Autoren trifft (aber vgl. etwa A 7, M 8)!

A 19

M 1–M 3
In und neben der Bildungskonzeption der Klassik spielen sprachphilosophische Überlegungen eine große Rolle; Herders und Humboldts Theorien sind in vieler Hinsicht grundlegend für die moderne Sprachwissenschaft geworden. Herder betont gegenüber früheren mechanistischen Erklärungen der Sprachentstehung die enge Verbindung zwischen Sprache und Denken des Menschen (was heutige Spracherwerbs- und Sprachverlustforschungen bestätigen). Humboldt arbeitet der modernen Unterscheidung von Sprache als System (langue) und als Anwendung (parole) vor, indem er „Ergon" und „Energeia" unterscheidet und auf den Vorrang des „lebendigen Sprechens" hinweist. Bedeutend ist auch Humboldts Plädoyer für Vielsprachigkeit mit der Begründung, dass der „in der Welt sich offenbarende Geist" den Reichtum vielfältiger Sichtweisen der Welt erst erreicht, indem er sich in vielen Sprachen verschieden ausprägt.

Rezeption der Klassik

Die Arbeitsblätter 20 –22 zeigen, wie sich die Verehrung und Mythisierung der Klassiker Goethe und Schiller vom 19. Jahrhundert an in Wort und Bild ausprägt, welche Vorbehalte ihr Werk und vor allem der Klassikerkult provoziert, wie schließlich die Gestalt Goethes von modernen Autoren literarisch gestaltet wird.

A 20

M 1/M 2
Vorspiel der Mythisierung Goethes sind die Niederschriften des Kanzlers von Müller, der Goethe zielbewusst zum Propheten stilisiert (und dessen Selbststilisierung als „Merlin", also als der Zauberer des Artus-Sagenkreises ehrfürchtig verzeichnet) – immerhin noch mit innerer Glaubwürdigkeit, die aus der Ergriffenheit des Zeitgenossen herrührt. Dagegen wird bei Karl Goedeke, einer literaturwissenschaftlichen Autorität des 19. Jahrhunderts, Goethe zum durchgehend superlativischen Harmoniemonstrum verklärt. Ein typisches Zeugnis des verfälschenden Klassikerkults!

M 3/M 4
Zwei Konzepte für ein Klassiker-Denkmal, entworfen von Zeitgenossen: Unter dem frischen Eindruck von Schillers Tod zeichnet der klassizistische Bildhauer Dannecker (vgl. A 5, M 1) sein Schiller-Monument, zu dem er in einem Brief schreibt: „Schiller muss kolossal in der Bildhauerei leben, ich will eine Apotheose." Entsprechend werden Schiller nicht nur Lyra und Lorbeerkränze (Attribute des Apoll), sondern sogar der Adler zugeordnet, der zur Tradition der Jupiter-Darstellung gehört (vgl. A 2, M 3). Ans Kokette grenzt dagegen ein Entwurf, den Bettina von Arnim im Zusammenhang mit – nicht verwirklichten – Plänen, Goethe in Frankfurt zu Lebzeiten nach seinem 70. Geburtstag ein Denkmal zu errichten, ersonnen hat: Goethe in antiker Nacktheit, mit Lyra und Lorbeerkranz, vor allem aber mit einer kindlichen Psyche-Figur, von der die Zeichnerin an Goethe schreibt: „ihr Füßchen findet keinen andern Platz, sie muss sich auf dem Deinen den höheren Standpunkt erklettern" – und mit der sie sich wohl selbst meint.

M 5–M 7
Rietschels überlebensgroße Doppelstatue am Weimarer Theaterplatz gehört zu einer Reihe von Standbildern der Zeit nach 1848, die alle Geistesgrößen gewidmet sind und offenbar von den aufgebrochenen politischen Forderungen in den kulturellen Bereich wegverweisen sollen. In seiner maßvoll idealisierten (vgl. A 5, M 6 und M 7) Monumentalität ist dieses Denkmal das prototypische Standbild der „Dichterfürsten" geworden; seine Prägekraft erweist sich bis hin zu den parodistischen Abwandlungen, die den beiden Autoren galten, die sich selbst im 20. Jahrhundert konsequent in die Rolle des Goethe-Erben hineinstilisiert haben: Gerhart Hauptmann (der bis zu Haartracht und Gehrock das Vorbild kopierte) und Thomas Mann (der seinem Goethe in „Lotte in Weimar" Züge eines Selbstporträts einschrieb). Stegers Karikatur erschien zu Thomas Manns Teilnahme an den Feiern zu Goethes 200. Ge-

burtstag in Frankfurt und Weimar; die Abwandlungen insgesamt schöpfen verschiedene ikonographische Möglichkeiten (Ersetzung – Weglassung) aus.

A 21

M 1–M 3
Als Gegentendenz zur Klassikerverklärung ist schon früh bei manchen Autoren Abgrenzung festzustellen, die sich meist an dem problematischen Verhältnis der Klassik zur politisch-gesellschaftlichen Gegenwart festmacht. So verhalten sich bereits die Autoren des Vormärz (M 1), mit systematischer Konsequenz dann Marx und Engels im Rahmen ihrer generellen Ablehnung des Idealismus (M 2), schließlich die marxistisch geprägten Autoren des 20. Jahrhunderts; gerade Brecht hat jedoch immer primär den verfälschenden Klassiker-Kult angegriffen und sich andererseits z. B. auf dem Theater um die von ihm gesehenen „fortschrittlichen" Elemente der Literatur um 1800 bemüht.

M 4
Klassiker-Kritik in kürzester lyrischer Form, mit gezielten Gegenüberstellungen des politischen und des literarischen Befunds, auch mit dem Anspruch, in der Zuspitzung der Schlussverse eine „Bilanz" zu geben. Zur Interpretation: K. O. Conrady („Der Reiz der Wörter", Stuttgart: Reclam 1978, S. 34 ff.).

A 22

M 1
Thomas Mann gestaltet die Tafelszene ganz aus der Perspektive der eingeladenen Charlotte Kestner, die durch (kunstvoll über 7 Kapitel retardierte) Erwartung, scharfe Beobachtung und reflektierende, auch ironisch-kritische Verarbeitung der erlebten Rituale gekennzeichnet ist. Archaisierende Wendungen der Sprache und Orthographie sorgen für eine reizvoll gedämpfte Patina der Erzählszene, die im übrigen auf sorgfältigen Studien Thomas Manns zu Goethes Sprach- und Tischgewohnheiten und zu den Gestalten seines Weimarer Kreises beruht. Hier wie im ganzen Roman wird ein unnachahmliches, schwebendes Gleichgewicht von verehrungsvoller und zugleich skeptisch gebrochener Darstellung erreicht.

M 2
Auch in Peter Hacks' Kammerspiel dominiert weibliche Perspektive. Goethes geheimnisumwittertes Verhältnis zu Charlotte von Stein, durch Generationen von Germanisten von allen Seiten beschnüffelt, wird hier geistreich und sehr pointiert bis hin zu illusionslosem Zynismus von der „anderen" Seite beleuchtet: Goethe als verwöhnter, grenzenlos eitler, egozentrischer Neurotiker und „Scheusal", zappelnd in den Netzen weiblicher Strategie. Die amüsante Wirkung, die das Stück immer wieder auf der Bühne erzielt, setzt ein eingeweihtes Publikum voraus und erklärt sich wesentlich durch den verblüffenden Widerspruch zum gewohnten Klassiker-Mythos.

Quellen- und Abbildungsverzeichnis

BEGRIFFSFELD KLASSIK

A1: Klassik und Klassizismus: Wort und Begriff

M1: Klassik. Aus: DUDEN – das große Wörterbuch der deutschen Sprache in 6 Bänden. Bibliographisches Institut & F. A. Brockhaus AG, Mannheim/Wien/Zürich 1976, S. 1478 f.
M2: Originalbeitrag

A2: Klassizismus in Kunst und Architektur

M1: Antonio Canova (1757–1822): Pauline Bonaparte als Venus Victrix (1808). © Alinari, Florenz.
M2: Jaques Louis David (1748–1825): Sappho und Phaon (1809). © Aurora Art Publishers 1980, Leningrad.
M3: Johann Valentin Sonnenschein (1749–1828): Hebe (um 1780). Schweizer Landesmuseum, Zürich. Aus: Katalog: Schwäbischer Klassizismus. Stuttgart: Staatsgalerie 1993, S. 109.
M4: Bertel Thorvaldsen (1768–1844): Hebe (1808). Kopenhagen, Nationalmuseum. © Smeets Lithographers, Weert, Holland 1968.
M5: Karl Friedrich Schinkel (1781–1841): Entwurf zur Neuen Wache in Berlin (Ausführung 1816). Umrissstich von L. Normand nach Zeichnung von Schinkel. Aus: K. F. Schinkel, Sammlung architektonischer Entwürfe, Heft 2, 1826. © Archiv für Kunst und Geschichte, Berlin.
M6: Karl Friedrich Schinkel: Entwurf zum Berliner Schauspielhaus (Ausführung 1819–21). Umrissstich von J. C. Susemihl nach Zeichnung von Schinkel. Aus: s. A2/M5, Heft 1, 1819. © Archiv für Kunst und Geschichte, Berlin.

A3: Selbstverständnis und Abgrenzung

M1: J. W. v. Goethe, Die Natur. Aus: Hamburger Ausgabe. C. H. Beck'sche Verlagsbuchhandlung, München 1981, Bd. XIII, S. 45 f.
M2: J. W. v. Goethe, Erläuterungen zu dem aphoristischen Aufsatz „Die Natur". Aus: s. A3/M1, Bd. XIII, S. 48.
M3: Friedrich Schiller, Über Bürgers Gedichte (1791). Aus: F. Schiller: Werke in 3 Bänden. Hanser Verlag, München 1966, Bd. II, S. 627 f.
M4: J. W. v. Goethe, Literarischer Sansculottismus. Aus: s. A3/M1, Bd. XII, S. 240 ff.
M5: Catharina Elisabeth Goethe an Christiane und J. W. v. Goethe, 25. Dezember 1807. Aus: Die Briefe der Frau Rath Goethe. Gesammelt und hrsg. v. Albert Köster. Verlag Carl Ernst Poeschel 1905, Bd. II, S. 175.
M6: Johann Peter Eckermann, Gespräche mit Goethe in den letzten Jahren seines Lebens (2. April 1829). ReclamVerlag, Leipzig 1884, Bd. II, S. 63.

A4: Ansichten der Forschung

M1: Fritz Strich, Vollendung und Unendlichkeit, in: ders., Deutsche Klassik und Romantik oder Vollendung und Unendlichkeit. Ein Vergleich. A. Francke Verlag, Tübingen und Basel 1962, 5. Aufl., S. 23– S. 27.
M2: Hermann August Korff, Gegenbild zur bürgerlichen Gesellschaft. Aus: H. A. Korff, Geist der Goethezeit. Versuch einer ideellen Entwicklung der klassisch-romantischen Literaturgeschichte, Bd. I: Sturm und Drang, Köhler & Amelang, München/Berlin 1964, 7. Aufl., S. 6 f.
M3: Hans-Georg Werner, Gebrauch des Terminus „Klassik". Aus: Literarische „Klassik" in Deutschland? Jahrbuch der Deutschen Schillergesellschaft 1988, Bd. XXXII, S. 360 f.
M4: Terence James Reed, Klassik als fortgeführte Aufklärung. Aus: Die Geburt der Klassik aus dem Geist der Mündigkeit, s. A4/M3, S. 372 f.
M5: Viktor Žmegač, Modernität der Klassik. Aus: Zur Klassik-Diskussion: Terminologische Fragen und keine Ende. Jahrbuch der Deutschen Schillergesellschaft 1989, Bd. XXXIII, S. 403 ff.
M6: Walter Müller-Seidel, Weimar und das „Weltganze". Aus: Aufklärung und Weimarer Klassik. Jahrbuch der Deutschen Schillergesellschaft 1992, Bd. XXXVI, Alfred Kröner Verlag, Stuttgart, S. 412 f.

A5: Deutsche Schriftsteller, griechische Helden

M1: Friedrich Bury, J. W.v. Goethe (1800), Portrait, Kreidezeichnung. Weimar, Nat. Forschungs- und Gedenkstätten. © Archiv für Kunst und Geschichte, Berlin.
M2: Christian Friedrich Tieck, J. W. v. Goethe, Portraitbüste (1801). Stiftung Weimarer Klassik. © Archiv für Kunst und Geschichte, Berlin.
M3: Johann Heinrich Dannecker, Schiller, Gipsabguss, Portraitbüste (1805). © Archiv für Kunst und Geschichte, Berlin.
M4: Ludovike Simanowitz, Friedrich Schiller (1793). © Schiller Nationalmuseum u. Dt. Literaturarchiv, Marbach a. N.
M5: L. Sichling nach A. Graff, J. G. Herder im 41. Lebensjahr, Portrait (1785). © Archiv für Kunst und Geschichte, Berlin.
M6: Gottlieb Martin Klauer, J. G. Herder (1783). Stiftung Weimarer Klassik. © Archiv für Kunst und Geschichte, Berlin.
M7: Johann Gottfried Schadow, Ch. M. Wieland (1805). Stiftung Weimarer Klassik, Herzogin Amalia Bibliothek. © Archiv für Kunst und Geschichte, Berlin.
M8: M. Steinla nach F. Jagemann, Ch. M. Wieland. © Archiv für Kunst und Geschichte, Berlin.
M9: Anonymes Gemälde, W. v. Humboldt, Portrait (um 1830). © Bildarchiv preußischer Kulturbesitz, Berlin.
M10: Gottlieb Martin Klauer, W. v. Humboldt, Relief (1795). © Schiller Nationalmuseum u. Dt. Literaturarchiv, Marbach a. N.

A6: Norden und Süden

M1: Egon Friedell, Die Erfindung der Antike. Aus: Kulturgeschichte der Neuzeit (Sonderausgabe). C.H. Beck'sche Verlagsbuchhandlung, München 1965, 1. Aufl., S. 793 ff.
M2: J. W. v. Goethe, Italienische Reise, Brief aus Venedig, 10. Oktober 1786. Aus: s. A3/M1, Bd. XI, S. 94 ff.
M3: J. W. v. Goethe, Südländische Natur und Baukunst, Italienische Reise, Neapel, 23.3.1787. Aus: s. A3/M1, Bd. XI,. S. 219 ff.
M4: J. W. v. Goethe, Ideale Landschaft mit Tempelruine, Zeichnung, undat., 1787. © Archiv für Kunst und Geschichte, Berlin.
M5: J. W. v. Goethe, Begegnung der Gegensätze; Faust II, 3. Aufzug: Innerer Burghof (Auszug). Aus: s. A3/M1, Bd. III, S. 282 f.
Fotos: Fotos aus der Stuttgarter Inszenierung, 1977, die Aufführung des Württembergischen Staatstheaters in Stuttgart. © Abusag Tüllmann. Belser, Stuttgart/Zürich 1979; unpaginiert; letzte Seite des Abschnitts „Fausts Versuch mit dem Ideal der Schönheit".

A7: Kult der Antike

M1: Titelblatt der 2. Auflage von J. J. Winckelmanns „Gedanken über die Nachahmung der Griechischen Werke in der Malerey und Bildhauerkunst" (1755). (Facsimiledruck der 2. vermehrten Auflage, Dresden 1756. Heitz, Baden-Baden/Straßburg 1962).
M2: J. J. Winckelmann, Edle Einfalt und stille Größe. Aus: s. A7/M1, S. 21 f.
M3: Laokoon-Gruppe, um 50 v. Chr., Marmor. Vatikan. Museum, Rom. © Archiv für Kunst und Geschichte, Berlin.
M4: J. J. Winckelmann, Über die Menschheit erhaben. Aus: Winckelmanns Werke in einem Band. Beschreibung des Apollo in Belvedere (Geschichte der Kunst des Altertums, 1764). Aufbau Verlag, Berlin/Weimar 1969, vor S. 47.
M5: Leochares: Apollo von Belvedere (4. Jh. v. Chr.), © Alinari, Florenz (N. 6502)
M6: W. v. Humboldt, Übergang vom Individuellen zum Idealen. Aus: W. v. Humboldts Werke. Latinum und Hellas oder Betrachtungen über das classische Altertum (1806). Hrsg. v. A. Leitzmann. Behrs Verlag, Berlin 1907, Bd. III, S. 136 f.
M7: Friedrich Schiller, Die Götter Griechenlands (1788). Aus: s. A3/M3, Bd. II, S. 673 ff.
M8: Friedrich Schiller, Rückzug aus der wirklichen Welt, Brief an Herder, 4.11.1795 (Auszug). Aus: Schillers Werke, Nationalausgabe, Weimar 1958, Bd. XXVIII, S. 97f.
M 9: Kämpfe der Griechen (Panorama-Tapete, J.-J. Deltil 1829). Musée du Papier Peint, 28 Rue Zuber, F-68170 Rixheim.
M10: Johann Heinrich Füßli, Der Künstler verzweifelnd vor der Größe der antiken Trümmer (1778/1780). © Kunsthaus Zürich (Inv. Nr. 1940/144).

M11: Joseph Anton Koch, Der Künstler am Scheideweg (1791), © Staatsgalerie Suttgart.

A8: Die Rolle des Künstlers

M1: Friedrich Schiller, Verderbnis und Wiedergeburt. Aus: s. A3/M3, Bd. II, S. 462 f.
M2: Friedrich Schiller, Nänie (1799). Aus: s. A3/M3, Bd. II, S. 722.
M3: Friedrich Hölderlin, An die Parzen (1799). Aus: F. Hölderlin, Werke – Briefe – Dokumente. Winkler Verlag, München 1963, S. 30.

IDEENBESTIMMTE WIRKLICHKEIT

A9: Geschichte im Drama

M1: Kolorierter Stich von C. Müller nach einer Zeichnung von G. M. Krams, Bühnenbild der Weimarer Uraufführung zu Schillers „Wallensteins Lager". © Schiller Nationalmuseum u. Dt. Literaturarchiv, Marbach a.N.
M2: Friedrich Hebbel über „Wallensteins Lager" (1848/1859), Achter Teil: Ästhetische und kritische Schriften. Und: Friedrich Hebbel, Tagebuchnotiz v. 24.11.1859, Zehnter Teil: Tagebücher II. Aus: F. Hebbel, Wallenstein, 1848. Aus: Hebbels Werke. Bong, Berlin/Leipzig/Wien/Stuttgart, o. J., 8. Teil S. 128, 10. Teil S. 264.
M3: Volker Canaris, Den Schiller ändern. Anmerkungen zu Heymes Bearbeitung (1970). Aus: Schiller/Heyme, Wallenstein. Regiebuch der Kölner Inszenierung. Hrsg. v. V. Canaris. Suhrkamp Verlag, Frankfurt/M. 1970, S. 139 f.
M4: Wolfgang Schadewaldt, Brief an Hansgünther Heyme zum Kölner „Wallenstein". Aus: s. A9/M3, S. 145 f.

A10: Philosophischer Idealismus

M1: Immanuel Kant, Von der Zeit (Kritik der reinen Vernunft, Auszug aus dem 2. Abschnitt des I. Teils der „Transzendentalen Elementarlehre 1781). Aus: I. Kant, Kritik der reinen Vernunft. Felix Meiner Verlag, Hamburg 1956, S. 76 ff.
M2: Heinrich von Kleist: Brief an Wilhelmine von Zenge vom 22.3.1801 (Auszug). Aus: Sämtliche Werke und Briefe. Hrsg. v. H. Sembdner. Hanser Verlag, München 1961, 2. Aufl., Bd. II, S. 634.
M3: Immanuel Kant, Kategorischer Imperativ. Aus: I. Kant: Werke, Kritik der praktischen Vernunft. Hrsg. v. B. Kellermann. Cassirer, Berlin 1914, Bd. V, S. 35.
M4: Georg Wilhelm Friedrich Hegel über den Idealismus. Aus: G. W. F. Hegel, Wissenschaft der Logik, Teil I: Die objektive Logik; Bd. I: Die Lehre vom Sein (1832), II. Kapitel: Der Übergang, Anmerkung 2. Hrsg. v. F. Hogemann und W. Jaeschke. © Rheinisch-Westfälische Akademie der Wissenschaften, Düsseldorf 1985, S. 142.

A11: Idee und Erfahrung

M1: J. W. v. Goethe, Die Suche nach der Urpflanze, Italienische Reise, Palermo, 17.4.1786 – Neapel, 17.7.1787. Aus: s. A3/M1, Bd. XI, S. 266/267.
M2: J. W. v. Goethe, Delphinreiter (1787/1789), © Stiftung Weimarer Klassik.
M3: J. W. v. Goethe, Glückliches Ereignis (1824/1825) Aus: s. A3/M1, Bd. X, S. 539 ff.

A12: Philosophie der Geschlechter

M1: Wilhelm v. Humbold, Über den Geschlechtsunterschied und dessen Einfluß auf die organische Natur (1795). Aus: W. v. Humboldt, Gesammelte Schriften. Hrsg. v. der Preuß. Akademie der Wissenschaften, Erste Abt.: Werke 1, hrsg. v. A. Leitzmann. B. Behrs Verlag, Berlin 1903, Bd. I, S. 333 f.
M2: Friedrich Schiller, Würde der Frauen (1795). Aus: s. A3/M3, Bd. II, S. 708 f.
M3: J. W. v. Goethe, Iphigenie auf Tauris (Monolog V,3). Aus: s. A3/M1, Bd. V, S. 59.

A13: Zeit und Zeitlosigkeit

M1: J. W. v. Goethe, Dauer im Wechsel (1803). Aus: s. A3/M1, Bd. I, S. 247 f.
M2: Friedrich Schiller, An die Freunde (1803). Aus: s. A3/M3, Bd.II, S. 708 f.

STILISIERTE NATUR

A14: Theorie des Stils und des Schönen

M1: J. W. v. Goethe, Natur und Kunst (1802). Aus: s. .A3/M1, Bd. I, S. 245.
M2: J. W. v. Goethe, Einfache Nachahmung der Natur, Manier, Stil. Aus: s. A3/M1, Bd. XII, S. 30 ff.
M3: Friedrich Schiller, Kallias oder über die Schönheit (Brief vom 23. Februar 1793, Auszüge). Aus: s. A3/M3, Bd. II, S. 369 ff., 374 f.

A15: Praxis der Stilisierung

M1: J. W. v. Goethe, Natur idealisch vorstellen. Aus: s. A3/M1, Bd. XII, S. 256.
M2: Angelika Kauffmann (1741–1807), Theresa Bandettini-Landucci (1794). Rosgartenmuseum, Konstanz, © Institut für Kunstwissenschaft, Zürich.
M3: H. Sintzenich nach einem Gemälde von A. Graff, Esther Charlotte Brandes als Ariadne, Kupferstich (um 1782). © Bildarchiv preußischer Kulturbesitz, Berlin.
M4: Henriette Hendel, Verklärung.
M5: F. Rehberg, Lady Hamilton als Iphigenie.

A16: Überschreitungen

M1: J. W. v. Goethe, Höchst mannigfaltiges Leben (Goethe zu Eckermann, 6.5.1827). Aus: J. P. Eckermann, Gespräche mit Goethe in den letzten Jahren seines Lebens. Hrsg. v. G. Moldenhauer. Reclam Verlag, Leipzig o. J., Bd. III, S. 121 ff.
M2: J. W. v. Goethe, Kreis der Menschheit (Goethe: Die Piccolomini, 1799). Aus: Schillers Wallenstein (= Wege der Forschung, Bd. CCCCXX). Hrsg. v. Fritz Heuer und Werner Keller. Wiss. Buchgesellschaft, Darmstadt 1977, S. 8 f.
M3: W. v. Humboldt, Summe alles Menschendaseins (Humboldt: Brief an Schiller, 1800). Aus: Neue Briefe W. v. Humboldts an Schiller. Hrsg. v. F. C. Ebrard. Berlin 1911, S. 258 f, 263 ff., 276.

BILDUNG UND SPRACHE

A17: Bildungsroman

M1: J. W. v. Goethe, Wilhelm Meisters Lehrjahre (VII. Buch, 9. Kapitel). Aus: s. A3/M1, Bd. VII, S. 493 ff.
M2: Friedrich Schiller, Brief an Goethe vom 8. Juli 1796 (Auszug). Aus: s. A3/M3, Bd. II, S. 659 f.
M3: Karl Schlechta, Die Turmgesellschaft (Goethes Wilhelm Meister, 1953). Aus: Goethe im Urteil seiner Kritiker. Dokumente zur Wirkungsgeschichte Goethes in Deutschland. Teil IV: 1918–1982. Hrsg. v. K. R. Mandelkow Verlag. Verlag C. H. Beck, München 1984, S. 393 f. (Dort Verweis auf: Karl Schlechta, Goethes Wilhelm Meister. Klostermann Verlag, Frankfurt/M. 1953).

A18: Bildungstheorie

M1: Johann Gottfried Herder, Humanität als Ziel (Herder: Briefe zur Beförderung der Humanität, 1793–1797; 3. Sammlung, 27. Brief). Aus: Herders Werke: Hrsg. v. Heinrich Kurz. Bibliographisches Institut, Leipzig o. J., Bd. IV, S. 106 f.
M2: W. v. Humboldt, Verknüpfung unsres Ichs mit der Welt (W. v. Humboldt: Theorie der Bildung des Menschen, 1793). Aus: s. A12/M1, Bd. I, S. 282 f.

A19: Sprachphilosophie

M1: J. G. Herder, Sprache als Einverständnis der Seele mit sich selbst (Herder: Über den Ursprung der Sprache, 1772). Aus: s. A18/M1, Bd. IV, S. 552, 555, 572 ff.

M2: W. v. Humboldt, Sprache als Tätigkeit (W. v. Humboldt: Über die Verschiedenheit des menschlichen Sprachbaues und ihren Einfluß auf die geistige Entwicklung des Menschengeschlechts, 1836). Aus: s. A12/M1, Bd. VII, S. 45 f.

M3: W. v. Humboldt, Sprache als Ansicht der Welt (W. v. Humboldt: Latium und Hellas, 1806). Aus: s. A12/M1, Bd. III, S. 167 f.

REZEPTION DER KLASSIK

A20: Verehrung, Verklärung, Verfälschung

M1: Kanzler von Müller, Goethe als „Merlin". Goethe in Dornburg am 29. April 1818. Aus: Kanzler von Müller, Unterhaltungen mit Goethe. Krit. Ausgabe besorgt v. Ernst Grumach. Hermann Böhlaus Nachf., Weimar 1956, S. 28 ff.

M2: Karl Goedeke, Harmonisch fortschreitende Universalbildung. Aus: K. Goedeke: Goethe. Einleitung zur Cotta-Ausgabe von Goethes Werken, 1867, Bd. I, S. III.

M3: Johann Heinrich Dannecker, Entwurf zu einem Schiller-Monument (1805). © Schiller Nationalmuseum u. Dt. Literaturarchiv, Marbach a.N.

M4: Bettina v. Arnim, Entwurf eines Goethe-Denkmals (1824).

M5: Ernst Friedrich August Rietšchel, Goethe-Schiller-Denkmal, Stahlstich (1852-1857). © Schiller Nationalmuseum u. Dt. Literaturarchiv, Marbach a.N.

M6: K. Arnold, Karikatur eines Hauptmann-Denkmals (Simplicissimus vom 21.6.1926).

M7: H. U. Steger, Karikatur eines Denkmals für Goethe und Thomas Mann, Weltwoche Zürich, 1949.

A21: Abgrenzung und Kritik

M1: Ludwig Börne, Dichter ohne Volk. Aus: L. Börne, Sämtliche Schriften. Goethe, Notiz 1829. Hrsg. v. I. und P. Rippmann. Melzer Verlag, Düsseldorf 1964–1969, Bd. V, S. 971.

M2: Vertauschung der platten mit der überschwenglichen Misère (F. Engels: Rezension zu K. Grün, „Über Goethe vom menschlichen Standpunkte", 1847). Aus: Karl Marx – Friedrich Engels, Über Literatur. Ausgewählt und hrsg. v. C. Sommer. Reclam Verlag, Stuttgart 1971, S.43 ff.

M3: Durch Weihrauch geschwärzt (Brecht/Jhering: Gespräch über Klassiker, 1929). Aus: s. A17/M3, S. 94 f. (Dort Nachweis: Bertolt Brecht, Schriften zum Theater I., 1918–1933. Red. Werner Hecht. Suhrkamp Verlag, Frankfurt/M. 1963, S. 146 ff.)

M4: Heinz Piontek: Um 1800. Aus: H. Piontek, Gesammelte Gedichte. Verlag Hoffmann & Campe, Hamburg 1975, S. 176.

A 22: Produktive Rezeption

M1: Thomas Mann, Der gastliche Goethe. Aus: T. Mann, Lotte in Weimar, Auszug aus dem 8. Kapitel, 1939. © Bermann-Fischer Verlag, Stockholm 1939, S. 323 ff.

M2: Peter Hacks, Der gescheiterte Goethe. Aus: Ein Gespräch im Hause Stein über den abwesenden Herrn von Goethe. In: P. Hacks, Ausgewählte Dramen 2. Aufbau-Verlag, Berlin/Weimar 1976, S. 291 ff.

WEITERE TITEL ZUR UNTERRICHTSVORBEREITUNG

DEUTSCH

Arbeitsblätter
Gewaltdarstellung in Literatur, Film, Fernsehen
38 Arbeitsblätter mit didaktisch-methodischen Kommentaren
Sekundarstufe II
ISBN 3-12-927415-4

Arbeitsblätter
Jurek Becker „Bronsteins Kinder"
26 Arbeitsblätter mit didaktisch-methodischen Kommentaren
Sekundarstufe II
ISBN 3-12-927414-6

Unterrichtsideen
Textarbeit im Deutschunterricht der Sekundarstufe I
Didaktische Kommentare und methodische Anregungen zu ausgewählten Texten und Gattungen
ISBN 3-12-922675-3

Unterrichtsideen
Integrierter Grammatikunterricht
Textproduktion und Grammatik
5.-10. Schuljahr
ISBN 3-12-922654-0

Unterrichtsideen
Textanalyse und Grammatik
Vorschläge für den integrierten Grammatikunterricht
5.-10. Schuljahr
ISBN 3-12-922672-9

Unterrichtsideen
Lyrik in den Klassen 8-10
Handlungs- und produktionsorientierte Vorschläge
ISBN 3-12-922711-3

Unterrichtsideen
Lyrik in der Sekundarstufe II
20 handlungs- und produktionsorientierte Vorschläge
ISBN 3-12-922681-8

Unterrichtsideen
Europa entdecken – Geschichten unserer Nachbarn
19 Unterrichtsvorschläge für die Klassen 8-10
ISBN 3-12-922661-3

Interpretationshilfen
Lyrik des Expressionismus
Sekundarstufe II
ISBN 3-12-922602-8

Interpretationshilfen
Deutsche Kurzgeschichten von 1945 bis 1968
Sekundarstufe II
ISBN 3-12-922606-0

Interpretationshilfen
Deutsche Lyrik von der Klassik zur Romantik
Sekundarstufe II
ISBN 3-12-922605-2

Alle Titel der Reihen Arbeitsblätter, Interpretationshilfen und Unterrichtsideen finden Sie im Schulpraxiskatalog Nr. P710217. Fragen Sie Ihren Buchhändler oder bestellen Sie ihn direkt bei uns.